INGLÉS

VOCABULARIO

PALABRAS MÁS USADAS

ESPAÑOL- INGLÉS

Las palabras más útiles
Para expandir su vocabulario y refinar
sus habilidades lingüísticas

5000 palabras

Vocabulario Español-Inglés americano - 5000 palabras más usadas

por Andrey Taranov

Los vocabularios de T&P Books buscan ayudar en el aprendizaje, la memorización y la revisión de palabras de idiomas extranjeros. El diccionario se divide por temas, cubriendo toda la esfera de las actividades cotidianas, de negocios, ciencias, cultura, etc.

El proceso de aprendizaje de palabras utilizando los diccionarios temáticos de T&P Books le proporcionará a usted las siguientes ventajas:

- La información del idioma secundario está organizada claramente y predetermina el éxito para las etapas subsiguientes en la memorización de palabras.
- Las palabras derivadas de la misma raíz se agrupan, lo cual permite la memorización de grupos de palabras en vez de palabras aisladas.
- Las unidades pequeñas de palabras facilitan el proceso de reconocimiento de enlaces de asociación que se necesitan para la cohesión del vocabulario.
- De este modo, se puede estimar el número de palabras aprendidas y así también el nivel de conocimiento del idioma.

T&P Books Publishing
www.tpbooks.com

ISBN: 978-1-78314-020-6

Este libro está disponible en formato electrónico o de E-Book también.
Visite www.tpbooks.com o las librerías electrónicas más destacadas en la Red.

VOCABULARIO INGLÉS AMERICANO
palabras más usadas

Los vocabularios de T&P Books buscan ayudar al aprendiz a aprender, memorizar y repasar palabras de idiomas extranjeros. Los vocabularios contienen más de 5000 palabras comúnmente usadas y organizadas de manera temática.

*   El vocabulario contiene las palabras corrientes más usadas.
*   Se recomienda como ayuda adicional a cualquier curso de idiomas.
*   Capta las necesidades de aprendices de nivel principiante y avanzado.
*   Es conveniente para uso cotidiano, prácticas de revisión y actividades de auto-evaluación.
*   Facilita la evaluación del vocabulario.

Aspectos claves del vocabulario

*   Las palabras se organizan según el significado, no según el orden alfabético.
*   Las palabras se presentan en tres columnas para facilitar los procesos de repaso y auto-evaluación.
*   Los grupos de palabras se dividen en pequeñas secciones para facilitar el proceso de aprendizaje.
*   El vocabulario ofrece una transcripción sencilla y conveniente de cada palabra extranjera.

El vocabulario contiene 155 temas que incluyen lo siguiente:

Conceptos básicos, números, colores, meses, estaciones, unidades de medidas, ropa y accesorios, comida y nutrición, restaurantes, familia nuclear, familia extendida, características de personalidad, sentimientos, emociones, enfermedades, la ciudad y el pueblo, exploración del paisaje, compras, finanzas, la casa, el hogar, la oficina, el trabajo en oficina, importación y exportación, promociones, búsqueda de trabajo, deportes, educación, computación, la red, herramientas, la naturaleza, los países, las nacionalidades y más ...

TABLA DE CONTENIDO

Guía de pronunciación 9
Abreviaturas 11

CONCEPTOS BÁSICOS 12
Conceptos básicos. Unidad 1 12

1. Los pronombres 12
2. Saludos. Salutaciones. Despedidas 12
3. Modos del trato: Como dirigirse a otras personas 13
4. Números cardinales. Unidad 1 13
5. Números cardinales. Unidad 2 14
6. Números ordinales 15
7. Números. Fracciones 15
8. Números. Operaciones básicas 15
9. Números. Miscelánea 15
10. Los verbos más importantes. Unidad 1 16
11. Los verbos más importantes. Unidad 2 17
12. Los verbos más importantes. Unidad 3 18
13. Los verbos más importantes. Unidad 4 19
14. Los colores 19
15. Las preguntas 20
16. Las preposiciones 21
17. Las palabras útiles. Los adverbios. Unidad 1 21
18. Las palabras útiles. Los adverbios. Unidad 2 23

Conceptos básicos. Unidad 2 24

19. Los días de la semana 24
20. Las horas. El día y la noche 24
21. Los meses. Las estaciones 25
22. Las unidades de medida 27
23. Contenedores 27

EL SER HUMANO 29
El ser humano. El cuerpo 29

24. La cabeza 29
25. El cuerpo 30

La ropa y los accesorios 31

26. La ropa exterior. Los abrigos 31
27. Men's & women's clothing 31

28. La ropa. La ropa interior 32
29. Gorras 32
30. El calzado 32
31. Accesorios personales 33
32. La ropa. Miscelánea 33
33. Productos personales. Cosméticos 34
34. Los relojes 35

La comida y la nutrición 36

35. La comida 36
36. Las bebidas 37
37. Las verduras 38
38. Las frutas. Las nueces 39
39. El pan. Los dulces 40
40. Los platos al horno 40
41. Las especias 41
42. Las comidas 42
43. Los cubiertos 43
44. El restaurante 43

La familia nuclear, los parientes y los amigos 44

45. La información personal. Los formularios 44
46. Los familiares. Los parientes 44

La medicina 46

47. Las enfermedades 46
48. Los síntomas. Los tratamientos. Unidad 1 47
49. Los síntomas. Los tratamientos. Unidad 2 48
50. Los síntomas. Los tratamientos. Unidad 3 49
51. Los médicos 50
52. La medicina. Las drogas. Los accesorios 50

EL AMBIENTE HUMANO 51
La ciudad 51

53. La ciudad. La vida en la ciudad 51
54. Las instituciones urbanas 52
55. Los avisos 53
56. El transporte urbano 54
57. La exploración del paisaje 55
58. Las compras 56
59. El dinero 57
60. La oficina de correos 58

La vivienda. La casa. El hogar 59

61. La casa. La electricidad 59

5

62. La villa. La mansión   59
63. El apartamento   59
64. Los muebles. El interior   60
65. Los accesorios de la cama   61
66. La cocina   61
67. El baño   62
68. Los aparatos domésticos   63

LAS ACTIVIDADES DE LA GENTE   64
El trabajo. Los negocios. Unidad 1   64

69. La oficina. El trabajo de oficina   64
70. Los métodos de los negocios. Unidad 1   65
71. Los métodos de los negocios. Unidad 2   66
72. La producción. Los trabajos   67
73. El contrato. El acuerdo   68
74. Importación y Exportación   69
75. Las finanzas   69
76. La mercadotecnia   70
77. La publicidad   70
78. La banca   71
79. El teléfono. Las conversaciones telefónicas   72
80. El teléfono celular   72
81. Los artículos de escritorio   73
82. Tipos de negocios   73

El trabajo. Los negocios. Unidad 2   76

83. El espectáculo. La exhibición   76
84. La ciencia. La investigación. Los científicos   77

Las profesiones y los oficios   78

85. La búsqueda de trabajo. El despido del trabajo   78
86. Los negociantes   78
87. Los trabajos de servicio   79
88. La profesión militar y los rangos   80
89. Los oficiales. Los sacerdotes   81
90. Las profesiones agrícolas   81
91. Las profesiones artísticas   82
92. Profesiones diversas   82
93. Los trabajos. El estatus social   84

La educación   85

94. La escuela   85
95. Los institutos. La Universidad   86
96. Las ciencias. Las disciplinas   87
97. Los sistemas de escritura. La ortografía   87
98. Los idiomas extranjeros   88

Los restaurantes. El entretenimiento. El viaje   90

99. El viaje. Viajar   90
100. El hotel   90

EL EQUIPO TÉCNICO. EL TRANSPORTE   92
El equipo técnico   92

101. El computador   92
102. El internet. El correo electrónico   93
103. La electricidad   94
104. Las herramientas   94

El transporte   97

105. El avión   97
106. El tren   98
107. El barco   99
108. El aeropuerto   100

Acontecimentos de la vida   102

109. Los días festivos. Los eventos   102
110. Los funerales. El entierro   103
111. La guerra. Los soldados   103
112. La guerra. Las maniobras militares. Unidad 1   104
113. La guerra. Las maniobras militares. Unidad 2   106
114. Las armas   107
115. Los pueblos antiguos   109
116. La edad media   109
117. El líder. El jefe. Las autoridades   111
118. Violar la ley. Los criminales. Unidad 1   112
119. Violar la ley. Los criminales. Unidad 2   113
120. La policía. La ley. Unidad 1   114
121. La policía. La ley. Unidad 2   115

LA NATURALEZA   117
La tierra. Unidad 1   117

122. El espacio   117
123. La tierra   118
124. Los puntos cardinales   119
125. El mar. El océano   119
126. Los nombres de los mares y los océanos   120
127. Las montañas   121
128. Los nombres de las montañas   122
129. Los ríos   122
130. Los nombres de los ríos   123
131. El bosque   123
132. Los recursos naturales   124

La tierra. Unidad 2   126

133. El tiempo   126
134. Los eventos climáticos severos. Los desastres naturales   127

La fauna   128

135. Los mamíferos. Los predadores   128
136. Los animales salvajes   128
137. Los animales domésticos   129
138. Los pájaros   130
139. Los peces. Los animales marinos   132
140. Los anfibios. Los reptiles   132
141. Los insectos   133

La flora   134

142. Los árboles   134
143. Los arbustos   134
144. Las frutas. Las bayas   135
145. Las flores. Las plantas   136
146. Los cereales, los granos   137

LOS PAÍSES. LAS NACIONALIDADES   138

147. Europa occidental   138
148. Europa central y oriental   138
149. Los países de la antes Unión Soviética   139
150. Asia   139
151. América del Norte   140
152. Centroamérica y Sudamérica   140
153. África   141
154. Australia. Oceanía   141
155. Las ciudades   141

GUÍA DE PRONUNCIACIÓN

La letra	Ejemplo inglés americano	T&P alfabeto fonético	Ejemplo español

Las vocales

a	age	[eɪ]	béisbol
a	bag	[æ]	vencer
a	car	[ɑ:]	arado
a	care	[eə]	idea
e	meat	[i:]	destino
e	pen	[e]	verano
e	verb	[ɜ]	suelo
e	here	[ɪə]	Aries
i	life	[aj]	paisaje
i	sick	[ɪ]	abismo
i	girl	[ø]	alemán - Hölle
i	fire	[ajə]	callejón
o	rose	[əʊ]	terapeuta
o	shop	[ɒ]	paralelo
o	sport	[ɔ:]	pollo
o	ore	[ɔ:]	pollo
u	to include	[u:]	jugador
u	sun	[ʌ]	¡Basta!
u	church	[ɜ]	suelo
u	pure	[ʊə]	huerta
y	to cry	[aj]	paisaje
y	system	[ɪ]	abismo
y	Lyre	[ajə]	callejón
y	party	[ɪ]	abismo

Las consonantes

b	bar	[b]	en barco
c	city	[s]	salva
c	clay	[k]	charco
d	day	[d]	desierto
f	face	[f]	golf
g	geography	[dʒ]	jazz
g	glue	[g]	jugada
h	home	[h]	registro
j	joke	[dʒ]	jazz
k	king	[k]	charco

La letra	Ejemplo inglés americano	T&P alfabeto fonético	Ejemplo español
l	love	[l]	lira
m	milk	[m]	nombre
n	nose	[n]	número
p	pencil	[p]	precio
q	queen	[k]	charco
r	rose	[r]	era, alfombra
s	sleep	[s]	salva
s	please	[z]	desde
s	pleasure	[ʒ]	adyacente
t	table	[t]	torre
v	velvet	[v]	travieso
w	winter	[w]	acuerdo
x	ox	[ks]	taxi
x	exam	[gz]	inglés - exam
z	azure	[ʒ]	adyacente
z	zebra	[z]	desde

Las combinaciones de letras

ch	China	[ʧ]	mapache
ch	chemistry	[k]	charco
ch	machine	[ʃ]	shopping
sh	ship	[ʃ]	shopping
th	weather	[ð]	alud
th	tooth	[θ]	pinzas
ph	telephone	[f]	golf
ck	black	[k]	charco
ng	ring	[ŋ]	manga
ng	English	[ŋ]	manga
wh	white	[w]	acuerdo
wh	whole	[h]	registro
wr	wrong	[r]	era, alfombra
gh	enough	[f]	golf
gh	sign	[n]	número
kn	knife	[n]	número
qu	question	[kv]	Kuala Lumpur
tch	catch	[ʧ]	mapache
oo+k	book	[ʊ]	pulpo
oo+r	door	[ɔ:]	pollo
ee	tree	[i:]	destino
ou	house	[aʊ]	autobús
ou+r	our	[aʊə]	cacahuete
ay	today	[eɪ]	béisbol
ey	they	[eɪ]	béisbol

ABREVIATURAS
usadas en el vocabulario

Abreviatura en español

adj	-	adjetivo
adv	-	adverbio
anim.	-	animado
conj	-	conjunción
etc.	-	etcétera
f	-	sustantivo femenino
f pl	-	femenino plural
fam.	-	uso familiar
fem.	-	femenino
form.	-	uso formal
inanim.	-	inanimado
innum.	-	innumerable
m	-	sustantivo masculino
m pl	-	masculino plural
m, f	-	masculino, femenino
masc.	-	masculino
mat	-	matemáticas
mil.	-	militar
num.	-	numerable
p.ej.	-	por ejemplo
pl	-	plural
pron	-	pronombre
sg	-	singular
v aux	-	verbo auxiliar
vi	-	verbo intransitivo
vi, vt	-	verbo intransitivo, verbo transitivo
vr	-	verbo reflexivo
vt	-	verbo transitivo

Abreviatura en inglés americano

v aux	-	verbo auxiliar
vi	-	verbo intransitivo
vi, vt	-	verbo intransitivo, verbo transitivo
vt	-	verbo transitivo

CONCEPTOS BÁSICOS

Conceptos básicos. Unidad 1

1. Los pronombres

yo	I, me	[aɪ], [mi:]
tú	you	[ju:]
él	he	[hi:]
ella	she	[ʃi:]
ello	it	[ɪt]
nosotros, -as	we	[wi:]
vosotros, -as	you	[ju:]
ellos, ellas	they	[ðeɪ]

2. Saludos. Salutaciones. Despedidas

¡Hola! (fam.)	Hello!	[hə'ləʊ]
¡Hola! (form.)	Hello!	[hə'ləʊ]
¡Buenos días!	Good morning!	[gʊd 'mɔ:nɪŋ]
¡Buenas tardes!	Good afternoon!	[gʊd ˌɑ:ftə'nu:n]
¡Buenas noches!	Good evening!	[gʊd 'i:vnɪŋ]
decir hola	to say hello	[tə seɪ hə'ləʊ]
¡Hola! (a un amigo)	Hi!	[haɪ]
saludo (m)	greeting	['gri:tɪŋ]
saludar (vt)	to greet (vt)	[tə gri:t]
¿Cómo estás?	How are you?	[ˌhaʊ ə 'ju:]
¿Qué hay de nuevo?	What's new?	[ˌwɒts 'nju:]
¡Chau! ¡Adiós!	Bye-Bye! Goodbye!	[baɪ-baɪ], [gʊd'baɪ]
¡Hasta pronto!	See you soon!	['si: ju ˌsu:n]
¡Adiós!	Goodbye!	[gʊd'baɪ]
despedirse (vr)	to say goodbye	[tə seɪ gʊd'baɪ]
¡Hasta luego!	So long!	[ˌsəʊ 'lɒŋ]
¡Gracias!	Thank you!	['θæŋk ju:]
¡Muchas gracias!	Thank you very much!	['θæŋk ju 'verɪ mʌtʃ]
De nada	You're welcome.	[juɑ: 'welkəm]
No hay de qué	Don't mention it!	[ˌdəʊnt 'menʃən ɪt]
¡Disculpa! ¡Disculpe!	Excuse me!	[ɪk'skju:z mi:]
disculpar (vt)	to excuse (vt)	[tə ɪk'skju:z]
disculparse (vr)	to apologize (vi)	[tə ə'pɒlədʒaɪz]
Mis disculpas	My apologies.	[maɪ ə'pɒlədʒɪz]

¡Perdóneme!	I'm sorry!	[aim 'sɒri]
¡No pasa nada!	It's okay!	[its ˌəʊ'kei]
por favor	please	[pli:z]

¡No se le olvide!	Don't forget!	[ˌdəʊnt fə'get]
¡Ciertamente!	Certainly!	['sɜːtənlɪ]
¡Claro que no!	Of course not!	[əv ˌkɔːs 'nɒt]
¡De acuerdo!	Okay!	[ˌəʊ'kei]
¡Basta!	That's enough!	[ðæts ɪ'nʌf]

3. Modos del trato: Como dirigirse a otras personas

señor	mister, sir	['mistə], [sɜː]
señora	ma'am	[mæm]
señorita	miss	[mis]
joven	young man	[jʌŋ mæn]
niño	young man	[jʌŋ mæn]
niña	miss	[mis]

4. Números cardinales. Unidad 1

cero	zero	['zɪərəʊ]
uno	one	[wʌn]
dos	two	[tu:]
tres	three	[θri:]
cuatro	four	[fɔː(r)]

cinco	five	[faiv]
seis	six	[siks]
siete	seven	['sevən]
ocho	eight	[eit]
nueve	nine	[nain]

diez	ten	[ten]
once	eleven	[ɪ'levən]
doce	twelve	[twelv]
trece	thirteen	[ˌθɜː'ti:n]
catorce	fourteen	[ˌfɔː'ti:n]

quince	fifteen	[fɪf'ti:n]
dieciséis	sixteen	[siks'ti:n]
diecisiete	seventeen	[ˌsevən'ti:n]
dieciocho	eighteen	[ˌei'ti:n]
diecinueve	nineteen	[ˌnain'ti:n]

veinte	twenty	['twenti]
veintiuno	twenty-one	['twenti ˌwʌn]
veintidós	twenty-two	['twenti ˌtu:]
veintitrés	twenty-three	['twenti ˌθri:]

| treinta | thirty | ['θɜːti] |
| treinta y uno | thirty-one | ['θɜːti ˌwʌn] |

13

| treinta y dos | thirty-two | ['θɜ:tɪ ˌtu:] |
| treinta y tres | thirty-three | ['θɜ:tɪ ˌθri:] |

cuarenta	forty	['fɔ:tɪ]
cuarenta y uno	forty-one	['fɔ:tɪˌwʌn]
cuarenta y dos	forty-two	['fɔ:tɪˌtu:]
cuarenta y tres	forty-three	['fɔ:tɪˌθri:]

cincuenta	fifty	['fɪftɪ]
cincuenta y uno	fifty-one	['fɪftɪ ˌwʌn]
cincuenta y dos	fifty-two	['fɪftɪ ˌtu:]
cincuenta y tres	fifty-three	['fɪftɪ ˌθri:]

sesenta	sixty	['sɪkstɪ]
sesenta y uno	sixty-one	['sɪkstɪ ˌwʌn]
sesenta y dos	sixty-two	['sɪkstɪ ˌtu:]
sesenta y tres	sixty-three	['sɪkstɪ ˌθri:]

setenta	seventy	['sevəntɪ]
setenta y uno	seventy-one	['sevəntɪ ˌwʌn]
setenta y dos	seventy-two	['sevəntɪ ˌtu:]
setenta y tres	seventy-three	['sevəntɪ ˌθri:]

ochenta	eighty	['eɪtɪ]
ochenta y uno	eighty-one	['eɪtɪ ˌwʌn]
ochenta y dos	eighty-two	['eɪtɪ ˌtu:]
ochenta y tres	eighty-three	['eɪtɪ ˌθri:]

noventa	ninety	['naɪntɪ]
noventa y uno	ninety-one	['naɪntɪ ˌwʌn]
noventa y dos	ninety-two	['naɪntɪ ˌtu:]
noventa y tres	ninety-three	['naɪntɪ ˌθri:]

5. Números cardinales. Unidad 2

cien	one hundred	[ˌwʌn 'hʌndrəd]
doscientos	two hundred	[tu 'hʌndrəd]
trescientos	three hundred	[θri: 'hʌndrəd]
cuatrocientos	four hundred	[ˌfɔ: 'hʌndrəd]
quinientos	five hundred	[ˌfaɪv 'hʌndrəd]

seiscientos	six hundred	[sɪks 'hʌndrəd]
setecientos	seven hundred	['sevən 'hʌndrəd]
ochocientos	eight hundred	[eɪt 'hʌndrəd]
novecientos	nine hundred	[ˌnaɪn 'hʌndrəd]

mil	one thousand	[ˌwʌn 'θaʊzənd]
dos mil	two thousand	[tu 'θaʊzənd]
tres mil	three thousand	[θri: 'θaʊzənd]
diez mil	ten thousand	[ten 'θaʊzənd]
cien mil	one hundred thousand	[ˌwʌn 'hʌndrəd 'θaʊzənd]

| millón (m) | million | ['mɪljən] |
| mil millones | billion | ['bɪljən] |

6. Números ordinales

primero (adj)	first	[fɜːst]
segundo (adj)	second	['sekənd]
tercero (adj)	third	[θɜːd]
cuarto (adj)	fourth	[fɔːθ]
quinto (adj)	fifth	[fɪfθ]

sexto (adj)	sixth	[sɪksθ]
séptimo (adj)	seventh	['sevənθ]
octavo (adj)	eighth	[eɪtθ]
noveno (adj)	ninth	[naɪnθ]
décimo (adj)	tenth	[tenθ]

7. Números. Fracciones

fracción (f)	fraction	['frækʃən]
un medio	one half	[ˌwʌn 'hɑːf]
un tercio	one third	[wʌn θɜːd]
un cuarto	one quarter	[wʌn 'kwɔːtə(r)]

un octavo	one eighth	[wʌn 'eɪtθ]
un décimo	one tenth	[wʌn tenθ]
dos tercios	two thirds	[tu θɜːdz]
tres cuartos	three quarters	[θri: 'kwɔːtəz]

8. Números. Operaciones básicas

sustracción (f)	subtraction	[səb'trækʃən]
sustraer (vt)	to subtract (vi, vt)	[tə səb'trækt]
división (f)	division	[dɪ'vɪʒən]
dividir (vt)	to divide (vt)	[tə dɪ'vaɪd]

adición (f)	addition	[ə'dɪʃən]
sumar (totalizar)	to add up (vt)	[tə æd 'ʌp]
adicionar (vt)	to add (vi, vt)	[tə æd]
multiplicación (f)	multiplication	[ˌmʌltɪplɪ'keɪʃən]
multiplicar (vt)	to multiply (vt)	[tə 'mʌltɪplaɪ]

9. Números. Miscelánea

cifra (f)	figure	['fɪgjə]
número (m) (~ cardinal)	number	['nʌmbə(r)]
numeral (m)	numeral	['nju:mərəl]
menos (m)	minus sign	['maɪnəs saɪn]
más (m)	plus sign	[plʌs saɪn]
fórmula (f)	formula	['fɔːmjʊlə]
cálculo (m)	calculation	[ˌkælkjʊ'leɪʃən]
contar (vt)	to count (vi, vt)	[tə kaʊnt]

comparar (vt)	to compare (vt)	[tə kəm'peə(r)]
¿Cuánto? (innum.)	How much?	[ˌhaʊ 'mʌtʃ]
¿Cuánto? (num.)	How many?	[ˌhaʊ 'menɪ]

suma (f)	sum, total	[sʌm], ['təʊtəl]
resultado (m)	result	[rɪ'zʌlt]
resto (m)	remainder	[rɪ'meɪndə(r)]

algunos, algunas ...	a few ...	[ə fju:]
poco (adv)	little	['lɪtəl]
resto (m)	the rest	[ðə rest]
uno y medio	one and a half	['wʌn ənd ə ˌhɑ:f]
docena (f)	dozen	['dʌzən]

en dos	in half	[ɪn 'hɑ:f]
en partes iguales	equally	['i:kwəlɪ]
mitad (f)	half	[hɑ:f]
vez (f)	time	[taɪm]

10. Los verbos más importantes. Unidad 1

abrir (vt)	to open (vt)	[tə 'əʊpən]
acabar, terminar (vt)	to finish (vt)	[tə 'fɪnɪʃ]
aconsejar (vt)	to advise (vt)	[tə əd'vaɪz]
adivinar (vt)	to guess (vt)	[tə ges]
advertir (vt)	to warn (vt)	[tə wɔ:n]
alabarse, jactarse (vr)	to boast (vi)	[tə bəʊst]

almorzar (vi)	to have lunch	[tə hæv lʌntʃ]
alquilar (~ una casa)	to rent (vt)	[tə rent]
amenazar (vt)	to threaten (vt)	[tə 'θretən]
arrepentirse (vr)	to regret (vi)	[tə rɪ'gret]
ayudar (vt)	to help (vt)	[tə help]
bañarse (vr)	to go for a swim	[tə gəʊ fɔrə swɪm]

bromear (vi)	to joke (vi)	[tə dʒəʊk]
buscar (vt)	to look for ...	[tə lʊk fɔ:(r)]
caer (vi)	to fall (vi)	[tə fɔ:l]
callarse (vr)	to keep silent	[tə ki:p 'saɪlənt]
cambiar (vt)	to change (vt)	[tə tʃeɪndʒ]
castigar, punir (vt)	to punish (vt)	[tə 'pʌnɪʃ]

cavar (vt)	to dig (vt)	[tə dɪg]
cazar (vi, vt)	to hunt (vi, vt)	[tə hʌnt]
cenar (vi)	to have dinner	[tə hæv 'dɪnə(r)]
cesar (vt)	to stop (vt)	[tə stɒp]
coger (vt)	to catch (vt)	[tə kætʃ]
comenzar (vt)	to begin (vt)	[tə bɪ'gɪn]

comparar (vt)	to compare (vt)	[tə kəm'peə(r)]
comprender (vt)	to understand (vt)	[təˌʌndə'stænd]
confiar (vt)	to trust (vt)	[tə trʌst]
confundir (vt)	to confuse, to mix up (vt)	[tə kən'fju:z], [tə mɪks ʌp]
conocer (~ a alguien)	to know (vt)	[tə nəʊ]

contar (vt) (enumerar)	to count (vt)	[tə kaʊnt]
contar con ...	to count on ...	[tə kaʊnt ɒn]
continuar (vt)	to continue (vt)	[tə kən'tɪnjuː]
controlar (vt)	to control (vt)	[tə kən'trəʊl]
correr (vi)	to run (vi)	[tə rʌn]
costar (vt)	to cost (vt)	[tə kɒst]
crear (vt)	to create (vt)	[tə kriː'eɪt]

11. Los verbos más importantes. Unidad 2

dar (vt)	to give (vt)	[tə gɪv]
dar una pista	to give a hint	[tə gɪv ə hɪnt]
decir (vt)	to say (vt)	[tə seɪ]
decorar (para la fiesta)	to decorate (vt)	[tə 'dekəreɪt]

defender (vt)	to defend (vt)	[tə dɪ'fend]
dejar caer	to drop (vt)	[tə drɒp]
desayunar (vi)	to have breakfast	[tə hæv 'brekfəst]
descender (vi)	to come down	[tə kʌm daʊn]

dirigir (administrar)	to run, to manage	[tə rʌn], [tə 'mænɪdʒ]
disculpar (vt)	to excuse (vt)	[tə ɪk'skjuːz]
discutir (vt)	to discuss (vt)	[tə dɪs'kʌs]
dudar (vt)	to doubt (vi)	[tə daʊt]

encontrar (hallar)	to find (vt)	[tə faɪnd]
engañar (vi, vt)	to deceive (vi, vt)	[tə dɪ'siːv]
entrar (vi)	to enter (vt)	[tə 'entə(r)]
enviar (vt)	to send (vt)	[tə send]

equivocarse (vr)	to make a mistake	[tə meɪk ə mɪ'steɪk]
escoger (vt)	to choose (vt)	[tə tʃuːz]
esconder (vt)	to hide (vt)	[tə haɪd]
escribir (vt)	to write (vt)	[tə raɪt]
esperar (aguardar)	to wait (vt)	[tə weɪt]

esperar (tener esperanza)	to hope (vi, vt)	[tə həʊp]
estar de acuerdo	to agree (vi)	[tə ə'griː]
estudiar (vt)	to study (vt)	[tə 'stʌdɪ]

exigir (vt)	to demand (vt)	[tə dɪ'mɑːnd]
existir (vi)	to exist (vi)	[tə ɪg'zɪst]
explicar (vt)	to explain (vt)	[tə ɪk'spleɪn]
faltar (a las clases)	to miss (vt)	[tə mɪs]
firmar (~ el contrato)	to sign (vt)	[tə saɪn]

girar (~ a la izquierda)	to turn (vi)	[tə tɜːn]
gritar (vi)	to shout (vi)	[tə ʃaʊt]
guardar (conservar)	to keep (vt)	[tə kiːp]
gustar (vi)	to like (vt)	[tə laɪk]
hablar (vi, vt)	to speak (vi, vt)	[tə spiːk]

| hacer (vt) | to do (vt) | [tə duː] |
| informar (vt) | to inform (vt) | [tə ɪn'fɔːm] |

| insistir (vi) | to insist (vi, vt) | [tə ɪn'sɪst] |
| insultar (vt) | to insult (vt) | [tə ɪn'sʌlt] |

interesarse (vr)	to be interested in ...	[tə bi 'ɪntrestɪd ɪn]
invitar (vt)	to invite (vt)	[tə ɪn'vaɪt]
ir (a pie)	to go (vi)	[tə gəʊ]
jugar (divertirse)	to play (vi)	[tə pleɪ]

12. Los verbos más importantes. Unidad 3

leer (vi, vt)	to read (vi, vt)	[tə ri:d]
liberar (ciudad, etc.)	to liberate (vt)	[tə 'lɪbəreɪt]
llamar (por ayuda)	to call (vt)	[tə kɔ:l]
llegar (vi)	to arrive (vi)	[tə ə'raɪv]
llorar (vi)	to cry (vi)	[tə kraɪ]

matar (vt)	to kill (vt)	[tə kɪl]
mencionar (vt)	to mention (vt)	[tə 'menʃən]
mostrar (vt)	to show (vt)	[tə ʃəʊ]
nadar (vi)	to swim (vi)	[tə swɪm]

negarse (vr)	to refuse (vi, vt)	[tə rɪ'fju:z]
objetar (vt)	to object (vi, vt)	[tə əb'dʒekt]
observar (vt)	to observe (vt)	[tə əb'zɜ:v]
oír (vt)	to hear (vt)	[tə hɪə(r)]

olvidar (vt)	to forget (vi, vt)	[tə fə'get]
orar (vi)	to pray (vi, vt)	[tə preɪ]
ordenar (mil.)	to order (vi, vt)	[tə 'ɔ:də(r)]
pagar (vi, vt)	to pay (vi, vt)	[tə peɪ]
pararse (vr)	to stop (vi)	[tə stɒp]

participar (vi)	to participate (vi)	[tə pɑ:'tɪsɪpeɪt]
pedir (ayuda, etc.)	to ask (vt)	[tə ɑ:sk]
pedir (en restaurante)	to order (vt)	[tə 'ɔ:də(r)]
pensar (vi, vt)	to think (vi, vt)	[tə θɪŋk]

percibir (ver)	to notice (vt)	[tə 'nəʊtɪs]
perdonar (vt)	to forgive (vt)	[tə fə'gɪv]
permitir (vt)	to permit (vt)	[tə pə'mɪt]
pertenecer a ...	to belong to ...	[tə bɪ'lɒŋ tu:]

planear (vt)	to plan (vt)	[tə plæn]
poder (v aux)	can (v aux)	[kæn]
poseer (vt)	to own (vt)	[tə əʊn]
preferir (vt)	to prefer (vt)	[tə prɪ'fɜ:(r)]
preguntar (vt)	to ask (vt)	[tə ɑ:sk]

preparar (la cena)	to cook (vt)	[tə kʊk]
prever (vt)	to expect (vt)	[tə ɪk'spekt]
probar, tentar (vt)	to try (vt)	[tə traɪ]
prometer (vt)	to promise (vt)	[tə 'prɒmɪs]
pronunciar (vt)	to pronounce (vt)	[tə prə'naʊns]
proponer (vt)	to propose (vt)	[tə prə'pəʊz]

quebrar (vt)	to break (vt)	[tə breɪk]
quejarse (vr)	to complain (vi, vt)	[tə kəm'pleɪn]
querer (amar)	to love (vt)	[tə lʌv]
querer (desear)	to want (vt)	[tə wɒnt]

13. Los verbos más importantes. Unidad 4

recomendar (vt)	to recommend (vt)	[tə ˌrekə'mend]
regañar, reprender (vt)	to scold (vt)	[tə skəʊld]
reírse (vr)	to laugh (vi)	[tə lɑːf]
repetir (vt)	to repeat (vt)	[tə rɪ'piːt]
reservar (~ una mesa)	to reserve, to book	[tə rɪ'zɜːv], [tə bʊk]
responder (vi, vt)	to answer (vi, vt)	[tə 'ɑːnsə(r)]

robar (vt)	to steal (vt)	[tə stiːl]
saber (~ algo mas)	to know (vt)	[tə nəʊ]
salir (vi)	to go out	[tə gəʊ aʊt]
salvar (vt)	to save, to rescue	[tə seɪv], [tə 'reskjuː]
seguir ...	to follow ...	[tə 'fɒləʊ]
sentarse (vr)	to sit down (vi)	[tə sɪt daʊn]

ser necesario	to be needed	[tə bi 'niːdɪd]
ser, estar (vi)	to be (vi)	[tə biː]
significar (vt)	to mean (vt)	[tə miːn]
sonreír (vi)	to smile (vi)	[tə smaɪl]
sorprenderse (vr)	to be surprised	[tə bi sə'praɪzd]

subestimar (vt)	to underestimate (vt)	[tə ˌʌndə'restɪmeɪt]
tener (vt)	to have (vt)	[tə hæv]
tener hambre	to be hungry	[tə bi 'hʌŋgrɪ]
tener miedo	to be afraid	[tə bi ə'freɪd]

tener prisa	to hurry (vi)	[tə 'hʌrɪ]
tener sed	to be thirsty	[tə bi 'θɜːstɪ]
tirar, disparar (vi)	to shoot (vi)	[tə ʃuːt]
tocar (con las manos)	to touch (vt)	[tə tʌtʃ]
tomar (vt)	to take (vt)	[tə teɪk]
tomar nota	to write down	[tə ˌraɪt 'daʊn]

trabajar (vi)	to work (vi)	[tə wɜːk]
traducir (vt)	to translate (vt)	[tə træns'leɪt]
unir (vt)	to unite (vt)	[tə juː'naɪt]
vender (vt)	to sell (vt)	[tə sel]
ver (vt)	to see (vt)	[tə siː]
volar (pájaro, avión)	to fly (vi)	[tə flaɪ]

14. Los colores

color (m)	color	['kʌlə(r)]
matiz (m)	shade	[ʃeɪd]
tono (m)	hue	[hjuː]
arco (m) iris	rainbow	['reɪnbəʊ]

blanco (adj)	white	[waɪt]
negro (adj)	black	[blæk]
gris (adj)	gray	[greɪ]

verde (adj)	green	[gri:n]
amarillo (adj)	yellow	['jeləʊ]
rojo (adj)	red	[red]

azul (adj)	blue	[blu:]
azul claro (adj)	light blue	[ˌlaɪt 'blu:]
rosa (adj)	pink	[pɪŋk]
naranja (adj)	orange	['ɒrɪndʒ]
violeta (adj)	violet	['vaɪələt]
marrón (adj)	brown	[braʊn]

| dorado (adj) | golden | ['gəʊldən] |
| argentado (adj) | silvery | ['sɪlvərɪ] |

beige (adj)	beige	[beɪʒ]
crema (adj)	cream	[kri:m]
turquesa (adj)	turquoise	['tɜːkwɔɪz]
rojo cereza (adj)	cherry red	['tʃerɪ red]
lila (adj)	lilac	['laɪlək]
carmesí (adj)	crimson	['krɪmzən]

claro (adj)	light	[laɪt]
oscuro (adj)	dark	[dɑːk]
vivo (adj)	bright	[braɪt]

de color (lápiz ~)	colored	['kʌləd]
en colores (película ~)	color	['kʌlə(r)]
blanco y negro (adj)	black-and-white	[blæk ən waɪt]
unicolor (adj)	plain, one-colored	[pleɪn], [ˌwʌn'kʌləd]
multicolor (adj)	multicolored	['mʌltɪˌkʌləd]

15. Las preguntas

¿Quién?	Who?	[hu:]
¿Qué?	What?	[wɒt]
¿Dónde?	Where?	[weə]
¿Adónde?	Where?	[weə]
¿De dónde?	From where?	[frɒm weə]
¿Cuándo?	When?	[wen]
¿Para qué?	Why?	[waɪ]

¿Por qué razón?	What for?	[wɒt fɔ:(r)]
¿Cómo?	How?	[haʊ]
¿Cuál?	Which?	[wɪtʃ]

¿A quién?	To whom?	[tə hu:m]
¿De quién? (~ hablan ...)	About whom?	[ə'baʊt ˌhu:m]
¿De qué?	About what?	[ə'baʊt ˌwɒt]
¿Con quién?	With whom?	[wɪð 'hu:m]
¿Cuánto? (innum.)	How much?	[ˌhaʊ 'mʌtʃ]

| ¿Cuánto? (num.) | How many? | [ˌhaʊ 'menɪ] |
| ¿De quién? | Whose? | [huːz] |

16. Las preposiciones

con ... (~ algn)	with	[wɪð]
sin ... (~ azúcar)	without	[wɪ'ðaʊt]
a ... (p.ej. voy a México)	to	[tuː]
de ... (hablar ~)	about	[ə'baʊt]
antes de ...	before	[bɪ'fɔː(r)]
delante de ...	in front of ...	[ɪn 'frʌnt əv]

debajo de ...	under	['ʌndə(r)]
sobre ..., encima de ...	above	[ə'bʌv]
en, sobre (~ la mesa)	on	[ɒn]
de (origen)	from	[frɒm]
de (fabricado de)	of	[əv]

| dentro de ... | in | [ɪn] |
| encima de ... | over | ['əʊvə(r)] |

17. Las palabras útiles. Los adverbios. Unidad 1

¿Dónde?	Where?	[weə]
aquí (adv)	here	[hɪə(r)]
allí (adv)	there	[ðeə(r)]

| en alguna parte | somewhere | ['sʌmweə(r)] |
| en ninguna parte | nowhere | ['nəʊweə(r)] |

| junto a ... | by | [baɪ] |
| junto a la ventana | by the window | [baɪ ðə 'wɪndəʊ] |

¿A dónde?	Where?	[weə]
aquí (venga ~)	here	[hɪə(r)]
allí (vendré ~)	there	[ðeə(r)]
de aquí (adv)	from here	[frɒm hɪə(r)]
de allí (adv)	from there	[frɒm ðeə(r)]

| cerca (no lejos) | close | [kləʊs] |
| lejos (adv) | far | [fɑː(r)] |

no lejos (adv)	not far	[nɒt fɑː(r)]
izquierdo (adj)	left	[left]
a la izquierda (situado ~)	on the left	[ɒn ðə left]
a la izquierda (girar ~)	to the left	[tə ðə left]

derecho (adj)	right	[raɪt]
a la derecha (situado ~)	on the right	[ɒn ðə raɪt]
a la derecha (girar)	to the right	[tə ðə raɪt]
delante (yo voy ~)	in front	[ɪn frʌnt]
delantero (adj)	front	[frʌnt]

adelante (movimiento)	ahead	[ə'hed]
detrás de ...	behind	[bɪ'haɪnd]
desde atrás	from behind	[frɒm bɪ'haɪnd]
atrás (da un paso ~)	back	[bæk]

| centro (m), medio (m) | middle | ['mɪdəl] |
| en medio (adv) | in the middle | [ɪn ðə 'mɪdəl] |

de lado (adv)	at the side	[ət ðə saɪd]
en todas partes	everywhere	['evrɪweə(r)]
alrededor (adv)	around	[ə'raʊnd]

de dentro (adv)	from inside	[frɒm ɪn'saɪd]
a alguna parte	somewhere	['sʌmweə(r)]
todo derecho (adv)	straight	[streɪt]
atrás (muévelo para ~)	back	[bæk]

| de alguna parte (adv) | from anywhere | [frɒm 'enɪweə(r)] |
| no se sabe de dónde | from somewhere | [frɒm 'sʌmweə(r)] |

primero (adv)	firstly	['fɜːstlɪ]
segundo (adv)	secondly	['sekəndlɪ]
tercero (adv)	thirdly	['θɜːdlɪ]

de súbito (adv)	suddenly	['sʌdənlɪ]
al principio (adv)	at first	[ət fɜːst]
por primera vez	for the first time	[fɔː ðə 'fɜːst ˌtaɪm]
mucho tiempo antes ...	long before ...	[lɒŋ bɪ'fɔː(r)]
para siempre (adv)	for good	[fɔː 'gʊd]

jamás, nunca (adv)	never	['nevə(r)]
de nuevo (adv)	again	[ə'gen]
ahora (adv)	now	[naʊ]
frecuentemente (adv)	often	['ɒfən]
entonces (adv)	then	[ðen]
urgentemente (adv)	urgently	['ɜːdʒəntlɪ]
usualmente (adv)	usually	['juːʒəlɪ]

a propósito, ...	by the way, ...	[baɪ ðə weɪ]
es probable	possible	['pɒsəbəl]
probablemente (adv)	probably	['prɒbəblɪ]
tal vez	maybe	['meɪbiː]
además ...	besides ...	[bɪ'saɪdz]
por eso ...	that's why ...	[ðæts waɪ]
a pesar de ...	in spite of ...	[ɪn 'spaɪt əv]
gracias a ...	thanks to ...	['θæŋks tuː]

qué (pron)	what	[wɒt]
que (conj)	that	[ðæt]
algo (~ le ha pasado)	something	['sʌmθɪŋ]
algo (~ así)	anything, something	['enɪθɪŋ], ['sʌmθɪŋ]
nada (f)	nothing	['nʌθɪŋ]

quien	who	[huː]
alguien (viene ~)	someone	['sʌmwʌn]
alguien (¿ha llamado ~?)	somebody	['sʌmbədɪ]

nadie	nobody	['nəʊbədɪ]
a ninguna parte	nowhere	['nəʊweə(r)]
de nadie	nobody's	['nəʊbədɪz]
de alguien	somebody's	['sʌmbədɪz]

tan, tanto (adv)	so	[səʊ]
también (~ habla francés)	also	['ɔːlsəʊ]
también (p.ej. Yo ~)	too	[tuː]

18. Las palabras útiles. Los adverbios. Unidad 2

¿Por qué?	Why?	[waɪ]
no se sabe porqué	for some reason	[fɔː 'sʌm ˌriːzən]
porque ...	because ...	[bɪ'kɒz]
y (p.ej. uno y medio)	and	[ænd]
o (p.ej. té o café)	or	[ɔː(r)]
pero (p.ej. me gusta, ~)	but	[bʌt]
para (p.ej. es para ti)	for	[fɔːr]

demasiado (adv)	too	[tuː]
sólo, solamente (adv)	only	['əʊnlɪ]
exactamente (adv)	exactly	[ɪg'zæktlɪ]
unos ...,	about	[ə'baʊt]
cerca de ... (~ 10 kg)		

aproximadamente	approximately	[ə'prɒksɪmətlɪ]
aproximado (adj)	approximate	[ə'prɒksɪmət]
casi (adv)	almost	['ɔːlməʊst]
resto (m)	the rest	[ðə rest]

el otro (adj)	the other	[ðə ʌðə(r)]
otro (p.ej. el otro día)	other	['ʌðə(r)]
cada (adj)	each	[iːʧ]
cualquier (adj)	any	['enɪ]
mucho (innum.)	much	[mʌʧ]
mucho (num.)	many	['menɪ]
muchos (mucha gente)	many people	[ˌmenɪ 'piːpəl]
todos	all	[ɔːl]

a cambio de ...	in return for ...	[ɪn rɪ'tɜːn fɔː]
en cambio (adv)	in exchange	[ɪn ɪks'ʧeɪndʒ]
a mano (hecho ~)	by hand	[baɪ hænd]
poco probable	hardly	['hɑːdlɪ]

probablemente	probably	['prɒbəblɪ]
a propósito (adv)	on purpose	[ɒn 'pɜːpəs]
por accidente (adv)	by accident	[baɪ 'æksɪdənt]

muy (adv)	very	['verɪ]
por ejemplo (adv)	for example	[fɔːr ɪg'zɑːmpəl]
entre (~ nosotros)	between	[bɪ'twiːn]
entre (~ otras cosas)	among	[ə'mʌŋ]
tanto (~ gente)	so much	[səʊ mʌʧ]
especialmente (adv)	especially	[ɪ'speʃəlɪ]

Conceptos básicos. Unidad 2

19. Los días de la semana

lunes (m)	Monday	['mʌndɪ]
martes (m)	Tuesday	['tjuːzdɪ]
miércoles (m)	Wednesday	['wenzdɪ]
jueves (m)	Thursday	['θɜːzdɪ]
viernes (m)	Friday	['fraɪdɪ]
sábado (m)	Saturday	['sætədɪ]
domingo (m)	Sunday	['sʌndɪ]

hoy (adv)	today	[tə'deɪ]
mañana (adv)	tomorrow	[tə'mɒrəʊ]
pasado mañana	the day after tomorrow	[ðə deɪ 'ɑːftə tə'mɒrəʊ]
ayer (adv)	yesterday	['jestədɪ]
anteayer (adv)	the day before yesterday	[ðə deɪ bɪ'fɔː 'jestədɪ]

día (m)	day	[deɪ]
día (m) de trabajo	working day	['wɜːkɪŋ deɪ]
día (m) de fiesta	public holiday	['pʌblɪk 'hɒlɪdeɪ]
día (m) de descanso	day off	[ˌdeɪ'ɒf]
fin (m) de semana	weekend	[ˌwiːk'end]

todo el día	all day long	[ɔːl 'deɪ ˌlɒŋ]
al día siguiente	the next day	[ðə nekst deɪ]
dos días atrás	two days ago	[tu deɪz ə'gəʊ]
en vísperas (adv)	the day before	[ðə deɪ bɪ'fɔː(r)]
diario (adj)	daily	['deɪlɪ]
cada día (adv)	every day	[ˌevrɪ 'deɪ]

semana (f)	week	[wiːk]
semana (f) pasada	last week	[ˌlɑːst 'wiːk]
semana (f) que viene	next week	[ˌnekst 'wiːk]
semanal (adj)	weekly	['wiːklɪ]
cada semana (adv)	every week	[ˌevrɪ 'wiːk]
2 veces por semana	twice a week	[ˌtwaɪs ə 'wiːk]
todos los martes	every Tuesday	['evrɪ 'tjuːzdɪ]

20. Las horas. El día y la noche

mañana (f)	morning	['mɔːnɪŋ]
por la mañana	in the morning	[ɪn ðə 'mɔːnɪŋ]
mediodía (m)	noon, midday	[nuːn], ['mɪdeɪ]
por la tarde	in the afternoon	[ɪn ðə ˌɑːftə'nuːn]

noche (f)	evening	['iːvnɪŋ]
por la noche	in the evening	[ɪn ðɪ 'iːvnɪŋ]

noche (f) (p.ej. 2:00 a.m.)	night	[naɪt]
por la noche	at night	[ət naɪt]
medianoche (f)	midnight	['mɪdnaɪt]
segundo (m)	second	['sekənd]
minuto (m)	minute	['mɪnɪt]
hora (f)	hour	['aʊə(r)]
media hora (f)	half an hour	[ˌhɑːf ən 'aʊə(r)]
cuarto (m) de hora	a quarter-hour	[ə 'kwɔːtər'aʊə(r)]
quince minutos	fifteen minutes	[fɪf'tiːn 'mɪnɪts]
veinticuatro horas	twenty four hours	['twentɪ fɔːr'aʊəz]
salida (f) del sol	sunrise	['sʌnraɪz]
amanecer (m)	dawn	[dɔːn]
madrugada (f)	early morning	['ɜːlɪ 'mɔːnɪŋ]
puesta (f) del sol	sunset	['sʌnset]
de madrugada	early in the morning	['ɜːlɪ ɪn ðə 'mɔːnɪŋ]
esta mañana	this morning	[ðɪs 'mɔːnɪŋ]
mañana por la mañana	tomorrow morning	[tə'mɒrəʊ 'mɔːnɪŋ]
esta tarde	this afternoon	[ðɪs ˌɑːftə'nuːn]
por la tarde	in the afternoon	[ɪn ðə ˌɑːftə'nuːn]
mañana por la tarde	tomorrow afternoon	[tə'mɒrəʊ ˌɑːftə'nuːn]
esta noche (p.ej. 8:00 p.m.)	tonight	[tə'naɪt]
mañana por la noche	tomorrow night	[tə'mɒrəʊ naɪt]
a las tres en punto	at 3 o'clock sharp	[ət θri: ə'klɒk ʃɑːp]
a eso de las cuatro	about 4 o'clock	[ə'baʊt ˌfɔːrə'klɒk]
para las doce	by 12 o'clock	[baɪ twelv ə'klɒk]
dentro de veinte minutos	in 20 minutes	[ɪn 'twentɪ ˌmɪnɪts]
dentro de una hora	in an hour	[ɪn ən 'aʊə(r)]
a tiempo (adv)	on time	[ɒn 'taɪm]
... menos cuarto	a quarter of ...	[ə 'kwɔːtə ɒf]
durante una hora	within an hour	[wɪ'ðɪn æn 'aʊə(r)]
cada quince minutos	every 15 minutes	['evrɪ fɪf'tiːn 'mɪnɪts]
día y noche	round the clock	['raʊnd ðə ˌklɒk]

21. Los meses. Las estaciones

enero (m)	January	['dʒænjʊərɪ]
febrero (m)	February	['febrʊərɪ]
marzo (m)	March	[mɑːtʃ]
abril (m)	April	['eɪprəl]
mayo (m)	May	[meɪ]
junio (m)	June	[dʒuːn]
julio (m)	July	[dʒuː'laɪ]
agosto (m)	August	['ɔːgəst]
septiembre (m)	September	[sep'tembə(r)]
octubre (m)	October	[ɒk'təʊbə(r)]

noviembre (m)	November	[nəʊ'vembə(r)]
diciembre (m)	December	[dɪ'sembə(r)]
primavera (f)	spring	[sprɪŋ]
en primavera	in (the) spring	[ɪn (ðə) sprɪŋ]
de primavera (adj)	spring	[sprɪŋ]
verano (m)	summer	['sʌmə(r)]
en verano	in (the) summer	[ɪn (ðə) 'sʌmə(r)]
de verano (adj)	summer	['sʌmə(r)]
otoño (m)	fall	[fɔ:l]
en otoño	in (the) fall	[ɪn (ðə) fɔ:l]
de otoño (adj)	fall	[fɔ:l]
invierno (m)	winter	['wɪntə(r)]
en invierno	in (the) winter	[ɪn (ðə) 'wɪntə(r)]
de invierno (adj)	winter	['wɪntə(r)]
mes (m)	month	[mʌnθ]
este mes	this month	[ðɪs mʌnθ]
al mes siguiente	next month	[ˌnekst 'mʌnθ]
el mes pasado	last month	[ˌlɑ:st 'mʌnθ]
hace un mes	a month ago	[əˌmʌnθ ə'gəʊ]
dentro de un mes	in a month	[ɪn ə 'mʌnθ]
dentro de dos meses	in two months	[ɪn ˌtu: 'mʌnθs]
todo el mes	the whole month	[ðə ˌhəʊl 'mʌnθ]
todo un mes	all month long	[ɔ:l 'mʌnθ ˌlɒŋ]
mensual (adj)	monthly	['mʌnθlɪ]
mensualmente (adv)	monthly	['mʌnθlɪ]
cada mes	every month	[ˌevrɪ 'mʌnθ]
dos veces por mes	twice a month	[ˌtwaɪs ə 'mʌnθ]
año (m)	year	[jɪə(r)]
este año	this year	[ðɪs jɪə(r)]
el próximo año	next year	[ˌnekst 'jɪə(r)]
el año pasado	last year	[ˌlɑ:st 'jɪə(r)]
hace un año	a year ago	[ə jɪərə'gəʊ]
dentro de un año	in a year	[ɪn ə 'jɪə(r)]
dentro de dos años	in two years	[ɪn ˌtu: 'jɪəz]
todo el año	the whole year	[ðə ˌhəʊl 'jɪə(r)]
todo un año	all year long	[ɔ:l 'jɪə ˌlɒŋ]
cada año	every year	[ˌevrɪ 'jɪə(r)]
anual (adj)	annual	['ænjʊəl]
anualmente (adv)	annually	['ænjʊəlɪ]
cuatro veces por año	4 times a year	[fɔ: taɪmz əjɪər]
fecha (f) (la ~ de hoy es ...)	date	[deɪt]
fecha (f) (~ de entrega)	date	[deɪt]
calendario (m)	calendar	['kælɪndə(r)]
medio año (m)	half a year	[ˌhɑ:f ə 'jɪə(r)]
seis meses	six months	[sɪks mʌnθs]
estación (f)	season	['si:zən]

22. Las unidades de medida

peso (m)	weight	[weɪt]
longitud (f)	length	[leŋθ]
anchura (f)	width	[wɪdθ]
altura (f)	height	[haɪt]
profundidad (f)	depth	[depθ]
volumen (m)	volume	['vɒlju:m]
área (f)	area	['eərɪə]

gramo (m)	gram	[græm]
miligramo (m)	milligram	['mɪlɪgræm]
kilogramo (m)	kilogram	['kɪlə‚græm]
tonelada (f)	ton	[tʌn]
libra (f)	pound	[paʊnd]
onza (f)	ounce	[aʊns]

metro (m)	meter	['mi:tə(r)]
milímetro (m)	millimeter	['mɪlɪ‚mi:tə(r)]
centímetro (m)	centimeter	['sentɪ‚mi:tə(r)]
kilómetro (m)	kilometer	['kɪlə‚mi:tə(r)]
milla (f)	mile	[maɪl]
pulgada (f)	inch	[ɪntʃ]
pie (m)	foot	[fʊt]
yarda (f)	yard	[jɑ:d]

metro (m) cuadrado	square meter	[skweə 'mi:tə(r)]
hectárea (f)	hectare	['hekteə(r)]
litro (m)	liter	['li:tə(r)]
grado (m)	degree	[dɪ'gri:]
voltio (m)	volt	[vəʊlt]
amperio (m)	ampere	['æmpeə(r)]
caballo (m) de fuerza	horsepower	['hɔ:s‚paʊə(r)]

cantidad (f)	quantity	['kwɒntɪtɪ]
un poco de ...	a little bit of ...	[ə 'lɪtəl bɪt əv]
mitad (f)	half	[hɑ:f]
docena (f)	dozen	['dʌzən]
pieza (f)	piece	[pi:s]

dimensión (f)	size	[saɪz]
escala (f) (del mapa)	scale	[skeɪl]

mínimo (adj)	minimal	['mɪnɪməl]
el más pequeño (adj)	the smallest	[ðə 'smɔ:ləst]
medio (adj)	medium	['mi:dɪəm]
máximo (adj)	maximal	['mæksɪməl]
el más grande (adj)	the largest	[ðə 'lɑ:dʒɪst]

23. Contenedores

tarro (m) de vidrio	jar	[dʒɑ:(r)]
lata (f) de hojalata	can	[kæn]

cubo (m)	bucket	['bʌkɪt]
barril (m)	barrel	['bærəl]
palangana (f)	basin	['beɪsən]
tanque (m)	tank	[tæŋk]
petaca (f) (de alcohol)	hip flask	[hɪp flɑːsk]
bidón (m) de gasolina	jerrycan	['dʒerɪkæn]
cisterna (f)	tank	[tæŋk]
taza (f) (mug de cerámica)	mug	[mʌg]
taza (f) (~ de café)	cup	[kʌp]
platillo (m)	saucer	['sɔːsə(r)]
vaso (m) (~ de agua)	glass	[glɑːs]
copa (f) (~ de vino)	glass	[glɑːs]
olla (f)	stock pot	[stɒk pɒt]
botella (f)	bottle	['bɒtəl]
cuello (m) de botella	neck	[nek]
garrafa (f)	carafe	[kə'ræf]
jarro (m) (~ de agua)	pitcher	['pɪtʃə(r)]
recipiente (m)	vessel	['vesəl]
tarro (m)	pot	[pɒt]
florero (m)	vase	[veɪz]
frasco (m) (~ de perfume)	bottle	['bɒtəl]
frasquito (m)	vial, small bottle	['vaɪəl], [smɔːl 'bɒtəl]
tubo (m)	tube	[tjuːb]
saco (m) (~ de azúcar)	sack	[sæk]
bolsa (f) (~ plástica)	bag	[bæg]
paquete (m) (~ de cigarrillos)	pack	[pæk]
caja (f)	box	[bɒks]
cajón (m) (~ de madera)	box	[bɒks]
cesta (f)	basket	['bɑːskɪt]

EL SER HUMANO

El ser humano. El cuerpo

24. La cabeza

cabeza (f)	head	[hed]
cara (f)	face	[feɪs]
nariz (f)	nose	[nəʊz]
boca (f)	mouth	[maʊθ]
ojo (m)	eye	[aɪ]
ojos (m pl)	eyes	[aɪz]
pupila (f)	pupil	['pjuːpəl]
ceja (f)	eyebrow	['aɪbraʊ]
pestaña (f)	eyelash	['aɪlæʃ]
párpado (m)	eyelid	['aɪlɪd]
lengua (f)	tongue	[tʌŋ]
diente (m)	tooth	[tuːθ]
labios (m pl)	lips	[lɪps]
pómulos (m pl)	cheekbones	['ʧiːkbəʊnz]
encía (f)	gum	[gʌm]
paladar (m)	palate	['pælət]
ventanas (f pl)	nostrils	['nɒstrɪlz]
mentón (m)	chin	[ʧɪn]
mandíbula (f)	jaw	[dʒɔː]
mejilla (f)	cheek	[ʧiːk]
frente (f)	forehead	['fɔːhed]
sien (f)	temple	['tempəl]
oreja (f)	ear	[ɪə(r)]
nuca (f)	back of the head	['bæk əv ðə ˌhed]
cuello (m)	neck	[nek]
garganta (f)	throat	[θrəʊt]
pelo, cabello (m)	hair	[heə(r)]
peinado (m)	hairstyle	['heəstaɪl]
corte (m) de pelo	haircut	['heəkʌt]
peluca (f)	wig	[wɪg]
bigote (m)	mustache	['mʌstæʃ]
barba (f)	beard	[bɪəd]
tener (~ la barba)	to have (vt)	[tə hæv]
trenza (f)	braid	[breɪd]
patillas (f pl)	sideburns	['saɪdbɜːnz]
pelirrojo (adj)	red-haired	['red ˌheəd]
gris, canoso (adj)	gray	[greɪ]

| calvo (adj) | bald | [bɔːld] |
| calva (f) | bald patch | [bɔːld pætʃ] |

| cola (f) de caballo | ponytail | ['pəʊniteɪl] |
| flequillo (m) | bangs | [bæŋz] |

25. El cuerpo

| mano (f) | hand | [hænd] |
| brazo (m) | arm | [ɑːm] |

dedo (m)	finger	['fɪŋɡə(r)]
dedo (m) pulgar	thumb	[θʌm]
dedo (m) meñique	little finger	[ˌlɪtəl 'fɪŋɡə(r)]
uña (f)	nail	[neɪl]

puño (m)	fist	[fɪst]
palma (f)	palm	[pɑːm]
muñeca (f)	wrist	[rɪst]
antebrazo (m)	forearm	['fɔːrˌɑːm]
codo (m)	elbow	['elbəʊ]
hombro (m)	shoulder	['ʃəʊldə(r)]

pierna (f)	leg	[leg]
planta (f)	foot	[fʊt]
rodilla (f)	knee	[niː]
pantorrilla (f)	calf	[kɑːf]
cadera (f)	hip	[hɪp]
talón (m)	heel	[hiːl]

cuerpo (m)	body	['bɒdɪ]
vientre (m)	stomach	['stʌmək]
pecho (m)	chest	[ʧest]
seno (m)	breast	[brest]
lado (m), costado (m)	flank	[flæŋk]
espalda (f)	back	[bæk]
zona (f) lumbar	lower back	['ləʊə bæk]
cintura (f), talle (m)	waist	[weɪst]

ombligo (m)	navel, belly button	['neɪvəl], ['belɪ 'bʌtən]
nalgas (f pl)	buttocks	['bʌtəks]
trasero (m)	bottom	['bɒtəm]

lunar (m)	beauty mark	['bjuːtɪ mɑːk]
tatuaje (m)	tattoo	[təˈtuː]
cicatriz (f)	scar	[skɑː(r)]

La ropa y los accesorios

26. La ropa exterior. Los abrigos

ropa (f), vestido (m)	clothes	[kləʊðz]
ropa (f) de calle	outerwear	['aʊtəweə(r)]
ropa (f) de invierno	winter clothing	['wɪntə 'kləʊðɪŋ]
abrigo (m)	coat, overcoat	[kəʊt], ['əʊvəkəʊt]
abrigo (m) de piel	fur coat	['fɜːˌkəʊt]
abrigo (m) corto de piel	fur jacket	['fɜː 'dʒækɪt]
plumón (m)	down coat	['daʊn ˌkəʊt]
cazadora (f)	jacket	['dʒækɪt]
impermeable (m)	raincoat	['reɪnkəʊt]
impermeable (adj)	waterproof	['wɔːtəpruːf]

27. Men's & women's clothing

camisa (f)	shirt	[ʃɜːt]
pantalones (m pl)	pants	[pænts]
jeans, vaqueros (m pl)	jeans	[dʒiːnz]
chaqueta (f), saco (m)	jacket	['dʒækɪt]
traje (m)	suit	[suːt]
vestido (m)	dress	[dres]
falda (f)	skirt	[skɜːt]
blusa (f)	blouse	[blaʊz]
rebeca (f), chaqueta (f) de punto	knitted jacket	['nɪtɪd 'dʒækɪt]
chaqueta (f)	jacket	['dʒækɪt]
camiseta (f) (T-shirt)	T-shirt	['tiː ʃɜːt]
shorts (m pl)	shorts	[ʃɔːts]
traje (m) deportivo	tracksuit	['træksuːt]
bata (f) de baño	bathrobe	['bɑːθrəʊb]
pijama (f)	pajamas	[pə'dʒɑːməz]
jersey (m), suéter (m)	sweater	['swetə(r)]
pulóver (m)	pullover	['pʊlˌəʊvə(r)]
chaleco (m)	vest	[vest]
frac (m)	tailcoat	[ˌteɪl'kəʊt]
esmoquin (m)	tuxedo	[tʌk'siːdəʊ]
uniforme (m)	uniform	['juːnɪfɔːm]
ropa (f) de trabajo	workwear	[wɜːkweə(r)]
mono (m)	overalls	['əʊvərɔːlz]
bata (f) (p. ej. ~ blanca)	coat	[kəʊt]

28. La ropa. La ropa interior

ropa (f) interior	underwear	['ʌndəweə(r)]
camiseta (f) interior	undershirt	['ʌndəʃɜːt]
calcetines (m pl)	socks	[sɒks]
camisón (m)	nightgown	['naɪtgaʊn]
sostén (m)	bra	[brɑː]
calcetines (m pl) altos	knee highs	['niː ˌhaɪs]
pantimedias (f pl)	pantyhose	['pæntɪhəʊz]
medias (f pl)	stockings	['stɒkɪŋz]
traje (m) de baño	bathing suit	['beɪðɪŋ suːt]

29. Gorras

gorro (m)	hat	[hæt]
sombrero (m) de fieltro	fedora	[fɪ'dɔːrə]
gorra (f) de béisbol	baseball cap	['beɪsbɔːl kæp]
gorra (f) plana	flatcap	[flæt kæp]
boina (f)	beret	['bereɪ]
capuchón (m)	hood	[hʊd]
panamá (m)	panama	['pænəmɑː]
gorro (m) de punto	knit cap, knitted hat	[nɪt kæp], ['nɪtɪdˌhæt]
pañuelo (m)	headscarf	['hedskɑːf]
sombrero (m) de mujer	women's hat	['wɪmɪns hæt]
casco (m) (~ protector)	hard hat	[hɑːd hæt]
gorro (m) de campaña	garrison cap	['gærɪsən kæp]
casco (m) (~ de moto)	helmet	['helmɪt]
bombín (m)	derby	['dɜːbɪ]
sombrero (m) de copa	top hat	[tɒp hæt]

30. El calzado

calzado (m)	footwear	['fʊtweə(r)]
botas (f pl)	shoes	[ʃuːz]
zapatos (m pl) (~ de tacón bajo)	shoes	[ʃuːz]
botas (f pl) altas	boots	[buːts]
zapatillas (f pl)	slippers	['slɪpəz]
tenis (m pl)	tennis shoes	['tenɪsʃuːz]
zapatillas (f pl) de lona	sneakers	['sniːkəz]
sandalias (f pl)	sandals	['sændəlz]
zapatero (m)	cobbler, shoe repairer	['kɒblə(r)], [ʃu: rɪ'peərə(r)]
tacón (m)	heel	[hiːl]
par (m)	pair	[peə(r)]

cordón (m)	shoestring	['ʃu:strɪŋ]
encordonar (vt)	to lace (vt)	[tə leɪs]
calzador (m)	shoehorn	['ʃu:hɔ:n]
betún (m)	shoe polish	[ʃu: 'pɒlɪʃ]

31. Accesorios personales

guantes (m pl)	gloves	[glʌvz]
manoplas (f pl)	mittens	['mɪtənz]
bufanda (f)	scarf	[skɑ:f]

gafas (f pl)	glasses	[glɑ:sɪz]
montura (f)	frame	[freɪm]
paraguas (m)	umbrella	[ʌm'brelə]
bastón (m)	walking stick	['wɔ:kɪŋ stɪk]
cepillo (m) de pelo	hairbrush	['heəbrʌʃ]
abanico (m)	fan	[fæn]

corbata (f)	tie	[taɪ]
pajarita (f)	bow tie	[bəʊ taɪ]
tirantes (m pl)	suspenders	[sə'spendəz]
moquero (m)	handkerchief	['hæŋkətʃɪf]

peine (m)	comb	[kəʊm]
pasador (m) de pelo	barrette	[bə'ret]
horquilla (f)	hairpin	['heəpɪn]
hebilla (f)	buckle	['bʌkəl]

cinturón (m)	belt	[belt]
correa (f) (de bolso)	shoulder strap	['ʃəʊldə stræp]

bolsa (f)	bag	[bæg]
bolso (m)	purse	[pɜ:s]
mochila (f)	backpack	['bækpæk]

32. La ropa. Miscelánea

moda (f)	fashion	['fæʃən]
de moda (adj)	in vogue	[ɪn vəʊg]
diseñador (m) de moda	fashion designer	['fæʃən dɪ'zaɪnə(r)]

cuello (m)	collar	['kɒlə(r)]
bolsillo (m)	pocket	['pɒkɪt]
de bolsillo (adj)	pocket	['pɒkɪt]
manga (f)	sleeve	[sli:v]
presilla (f)	hanging loop	['hæŋɪŋ lu:p]
bragueta (f)	fly	[flaɪ]

cremallera (f)	zipper	['zɪpə(r)]
cierre (m)	fastener	['fɑ:sənə(r)]
botón (m)	button	['bʌtən]
ojal (m)	buttonhole	['bʌtənhəʊl]

saltar (un botón)	to come off	[tə kʌm ɒf]
coser (vi, vt)	to sew (vi, vt)	[tə səu]
bordar (vt)	to embroider (vi, vt)	[tə ɪm'brɔɪdə(r)]
bordado (m)	embroidery	[ɪm'brɔɪdərɪ]
aguja (f)	sewing needle	['səuɪŋ 'niːdəl]
hilo (m)	thread	[θred]
costura (f)	seam	[siːm]

ensuciarse (vr)	to get dirty (vi)	[tə get 'dɜːtɪ]
mancha (f)	stain	[steɪn]
arrugarse (vr)	to crease, crumple (vi)	[tə kriːs], ['krʌmpəl]
rasgar (vt)	to tear, to rip (vt)	[tə teər], [tə rɪp]
polilla (f)	clothes moth	[kləʊðz mɒθ]

33. Productos personales. Cosméticos

pasta (f) de dientes	toothpaste	['tuːθpeɪst]
cepillo (m) de dientes	toothbrush	['tuːθbrʌʃ]
limpiarse los dientes	to brush one's teeth	[tə brʌʃ wʌns 'tiːθ]

maquinilla (f) de afeitar	razor	['reɪzə(r)]
crema (f) de afeitar	shaving cream	['ʃeɪvɪŋ ˌkriːm]
afeitarse (vr)	to shave (vi)	[tə ʃeɪv]

| jabón (m) | soap | [səup] |
| champú (m) | shampoo | [ʃæm'puː] |

tijeras (f pl)	scissors	['sɪzəz]
lima (f) de uñas	nail file	['neɪl ˌfaɪl]
cortaúñas (m pl)	nail clippers	[neɪl 'klɪpərz]
pinzas (f pl)	tweezers	['twiːzəz]

cosméticos (m pl)	cosmetics	[kɒz'metɪks]
mascarilla (f)	face mask	[feɪs maːsk]
manicura (f)	manicure	['mænɪˌkjuə(r)]
hacer la manicura	to have a manicure	[tə hævə 'mænɪˌkjuə]
pedicura (f)	pedicure	['pedɪˌkjuə(r)]

neceser (m) de maquillaje	make-up bag	['meɪk ʌp ˌbæg]
polvos (m pl)	face powder	[feɪs 'paudə(r)]
polvera (f)	powder compact	['paudə 'kɒmpækt]
colorete (m), rubor (m)	blusher	['blʌʃə(r)]

perfume (m)	perfume	['pɜːfjuːm]
agua (f) perfumada	toilet water	['tɔɪlɪt 'wɔːtə(r)]
loción (f)	lotion	['ləuʃən]
agua (f) de colonia	cologne	[kə'ləun]

sombra (f) de ojos	eyeshadow	['aɪʃædəu]
lápiz (m) de ojos	eyeliner	['aɪˌlaɪnə(r)]
rímel (m)	mascara	[mæs'kaːrə]

| pintalabios (m) | lipstick | ['lɪpstɪk] |
| esmalte (m) de uñas | nail polish | ['neɪl ˌpɒlɪʃ] |

fijador (m) (para el pelo)	hair spray	['heəspreɪ]
desodorante (m)	deodorant	[diːˈəʊdərənt]

crema (f)	cream	[kriːm]
crema (f) de belleza	face cream	['feɪs ˌkriːm]
crema (f) de manos	hand cream	['hændˌkriːm]
crema (f) antiarrugas	anti-wrinkle cream	['æntɪ 'rɪŋkəl kriːm]
crema (f) de día	day cream	['deɪ ˌkriːm]
crema (f) de noche	night cream	['naɪt ˌkriːm]

tampón (m)	tampon	['tæmpɒn]
papel (m) higiénico	toilet paper	['tɔɪlɪt 'peɪpə(r)]
secador (m) de pelo	hair dryer	['heəˌdraɪə(r)]

34. Los relojes

reloj (m)	watch	[wɒtʃ]
esfera (f)	dial	['daɪəl]
aguja (f)	hand	[hænd]
pulsera (f)	bracelet	['breɪslɪt]
correa (f) (del reloj)	watch strap	[wɒtʃ stræp]

pila (f)	battery	['bætərɪ]
descargarse (vr)	to be dead	[tə bi ded]
cambiar la pila	to change a battery	[tə tʃeɪndʒ ə 'bætərɪ]
adelantarse (vr)	to run fast	[tə rʌn fɑːst]
retrasarse (vr)	to run slow	[tə rʌn sləʊ]

reloj (m) de pared	wall clock	['wɔːl ˌklɒk]
reloj (m) de arena	hourglass	['aʊəglɑːs]
reloj (m) de sol	sundial	['sʌndaɪəl]
despertador (m)	alarm clock	[əˈlɑːm klɒk]
relojero (m)	watchmaker	['wɒtʃˌmeɪkə(r)]
reparar (vt)	to repair (vt)	[tə rɪˈpeə(r)]

La comida y la nutrición

35. La comida

carne (f)	meat	[mi:t]
gallina (f)	chicken	['tʃɪkɪn]
pollo (m)	Rock Cornish hen	[rɒk 'kɔ:nɪʃ hen]
pato (m)	duck	[dʌk]
ganso (m)	goose	[gu:s]
caza (f) menor	game	[geɪm]
pava (f)	turkey	['tɜ:kɪ]

carne (f) de cerdo	pork	[pɔ:k]
carne (f) de ternera	veal	[vi:l]
carne (f) de carnero	lamb	[læm]
carne (f) de vaca	beef	[bi:f]
conejo (m)	rabbit	['ræbɪt]

salchichón (m)	sausage	['sɒsɪdʒ]
salchicha (f)	vienna sausage	[vɪ'enə 'sɒsɪdʒ]
beicon (m)	bacon	['beɪkən]
jamón (m)	ham	[hæm]
jamón (m) fresco	gammon	['gæmən]

paté (m)	pâté	['pæteɪ]
hígado (m)	liver	['lɪvə(r)]
carne (f) picada	hamburger	['hæmbɜ:gə(r)]
lengua (f)	tongue	[tʌŋ]

huevo (m)	egg	[eg]
huevos (m pl)	eggs	[egz]
clara (f)	egg white	['eg ˌwaɪt]
yema (f)	egg yolk	['eg jəʊk]

pescado (m)	fish	[fɪʃ]
mariscos (m pl)	seafood	['si:fu:d]
crustáceos (m pl)	crustaceans	[krʌ'steɪʃənz]
caviar (m)	caviar	['kævɪɑ:(r)]

cangrejo (m) de mar	crab	[kræb]
camarón (m)	shrimp	[ʃrɪmp]
ostra (f)	oyster	['ɔɪstə(r)]
langosta (f)	spiny lobster	['spaɪnɪ 'lɒbstə(r)]
pulpo (m)	octopus	['ɒktəpəs]
calamar (m)	squid	[skwɪd]

esturión (m)	sturgeon	['stɜ:dʒən]
salmón (m)	salmon	['sæmən]
fletán (m)	halibut	['hælɪbət]
bacalao (m)	cod	[kɒd]

caballa (f)	mackerel	['mækərəl]
atún (m)	tuna	['tu:nə]
anguila (f)	eel	[i:l]

trucha (f)	trout	[traʊt]
sardina (f)	sardine	[sɑ:'di:n]
lucio (m)	pike	[paɪk]
arenque (m)	herring	['herɪŋ]

pan (m)	bread	[bred]
queso (m)	cheese	[ʧi:z]
azúcar (m)	sugar	['ʃʊgə(r)]
sal (f)	salt	[sɔ:lt]

arroz (m)	rice	[raɪs]
macarrones (m pl)	pasta	['pæstə]
tallarines (m pl)	noodles	['nu:dəlz]

mantequilla (f)	butter	['bʌtə(r)]
aceite (m) vegetal	vegetable oil	['vedʒtəbəl ɔɪl]
aceite (m) de girasol	sunflower oil	['sʌnˌflaʊə ɔɪl]
margarina (f)	margarine	[ˌmɑ:dʒə'ri:n]

| olivas (f pl) | olives | ['ɒlɪvz] |
| aceite (m) de oliva | olive oil | ['ɒlɪv ˌɔɪl] |

leche (f)	milk	[mɪlk]
leche (f) condensada	condensed milk	[kən'denst mɪlk]
yogur (m)	yogurt	['jəʊgərt]
nata (f) agria	sour cream	['saʊə ˌkri:m]
nata (f) líquida	cream	[kri:m]

| mayonesa (f) | mayonnaise | [ˌmeɪə'neɪz] |
| crema (f) de mantequilla | buttercream | ['bʌtəˌkri:m] |

cereal molido grueso	cereal grains	['sɪərɪəl greɪnz]
harina (f)	flour	['flaʊə(r)]
conservas (f pl)	canned food	[kænd fu:d]

copos (m pl) de maíz	cornflakes	['kɔ:nfleɪks]
miel (f)	honey	['hʌnɪ]
confitura (f)	jam	[dʒæm]
chicle (m)	chewing gum	['ʧu:ɪŋ ˌgʌm]

36. Las bebidas

agua (f)	water	['wɔ:tə(r)]
agua (f) potable	drinking water	['drɪŋkɪŋ 'wɔ:tə(r)]
agua (f) mineral	mineral water	['mɪnərəl 'wɔ:tə(r)]

sin gas	still	[stɪl]
gaseoso (adj)	carbonated	['kɑ:bəneɪtɪd]
con gas	sparkling	['spɑ:klɪŋ]
hielo (m)	ice	[aɪs]

37

con hielo	with ice	[wɪð aɪs]
sin alcohol	non-alcoholic	[nɒn ˌælkə'hɒlɪk]
bebida (f) sin alcohol	soft drink	[sɒft drɪŋk]
refresco (m)	refreshing drink	[rɪ'freʃɪŋ drɪŋk]
limonada (f)	lemonade	[ˌlemə'neɪd]

bebidas (f pl) alcohólicas	liquors	['lɪkəz]
vino (m)	wine	[waɪn]
vino (m) blanco	white wine	['waɪt ˌwaɪn]
vino (m) tinto	red wine	['red ˌwaɪn]

licor (m)	liqueur	[lɪ'kjʊə(r)]
champaña (f)	champagne	[ʃæm'peɪn]
vermú (m)	vermouth	[vɜː'muːθ]

whisky (m)	whiskey	['wɪskɪ]
vodka (m)	vodka	['vɒdkə]
ginebra (f)	gin	[dʒɪn]
coñac (m)	cognac	['kɒnjæk]
ron (m)	rum	[rʌm]

café (m)	coffee	['kɒfɪ]
café (m) solo	black coffee	[blæk 'kɒfɪ]
café (m) con leche	coffee with milk	['kɒfɪ wɪð mɪlk]
capuchino (m)	cappuccino	[ˌkæpʊ'tʃiːnəʊ]
café (m) soluble	instant coffee	['ɪnstənt 'kɒfɪ]

leche (f)	milk	[mɪlk]
cóctel (m)	cocktail	['kɒkteɪl]
batido (m)	milkshake	['mɪlk ʃeɪk]

zumo (m), jugo (m)	juice	[dʒuːs]
jugo (m) de tomate	tomato juice	[tə'meɪtəʊ dʒuːs]
zumo (m) de naranja	orange juice	['ɒrɪndʒ ˌdʒuːs]
zumo (m) fresco	freshly squeezed juice	['freʃlɪ skwiːzd dʒuːs]

cerveza (f)	beer	[bɪə(r)]
cerveza (f) rubia	light beer	[ˌlaɪt 'bɪə(r)]
cerveza (f) negra	dark beer	['dɑːk ˌbɪə(r)]

té (m)	tea	[tiː]
té (m) negro	black tea	[blæk tiː]
té (m) verde	green tea	['griːn ˌtiː]

37. Las verduras

| legumbres (f pl) | vegetables | ['vedʒtəbəlz] |
| verduras (f pl) | greens | [griːnz] |

tomate (m)	tomato	[tə'meɪtəʊ]
pepino (m)	cucumber	['kjuːkʌmbə(r)]
zanahoria (f)	carrot	['kærət]
patata (f)	potato	[pə'teɪtəʊ]
cebolla (f)	onion	['ʌnjən]

ajo (m)	garlic	['gɑ:lɪk]
col (f)	cabbage	['kæbɪdʒ]
coliflor (f)	cauliflower	['kɒlɪˌflaʊə(r)]
col (f) de Bruselas	Brussels sprouts	['brʌsəlz ˌspraʊts]
brócoli (m)	broccoli	['brɒkəlɪ]

remolacha (f)	beetroot	['bi:tru:t]
berenjena (f)	eggplant	['egplɑ:nt]
calabacín (m)	zucchini	[zu:'ki:nɪ]
calabaza (f)	pumpkin	['pʌmpkɪn]
nabo (m)	turnip	['tɜ:nɪp]

perejil (m)	parsley	['pɑ:slɪ]
eneldo (m)	dill	[dɪl]
lechuga (f)	lettuce	['letɪs]
apio (m)	celery	['selərɪ]
espárrago (m)	asparagus	[ə'spærəgəs]
espinaca (f)	spinach	['spɪnɪdʒ]

guisante (m)	pea	[pi:]
habas (f pl)	beans	[bi:nz]
maíz (m)	corn	[kɔ:n]
fréjol (m)	kidney bean	['kɪdnɪ bi:n]

pimentón (m)	bell pepper	[bel 'pepə(r)]
rábano (m)	radish	['rædɪʃ]
alcachofa (f)	artichoke	['ɑ:tɪʧəʊk]

38. Las frutas. Las nueces

fruto (m)	fruit	[fru:t]
manzana (f)	apple	['æpəl]
pera (f)	pear	[peə(r)]
limón (m)	lemon	['lemən]
naranja (f)	orange	['ɒrɪndʒ]
fresa (f)	strawberry	['strɔ:bərɪ]

mandarina (f)	mandarin	['mændərɪn]
ciruela (f)	plum	[plʌm]
melocotón (m)	peach	[pi:ʧ]
albaricoque (m)	apricot	['eɪprɪkɒt]
frambuesa (f)	raspberry	['rɑ:zbərɪ]
ananás (m)	pineapple	['paɪnˌæpəl]

banana (f)	banana	[bə'nɑ:nə]
sandía (f)	watermelon	['wɔ:təˌmelən]
uva (f)	grape	[greɪp]
guinda (f)	sour cherry	['saʊə 'ʧerɪ]
cereza (f)	sweet cherry	[swi:t 'ʧerɪ]
melón (m)	melon	['melən]

pomelo (m)	grapefruit	['greɪpfru:t]
aguacate (m)	avocado	[ˌævə'kɑ:dəʊ]
papaya (m)	papaya	[pə'paɪə]

| mango (m) | mango | ['mæŋgəʊ] |
| granada (f) | pomegranate | ['pɒmɪ,grænɪt] |

grosella (f) roja	redcurrant	['redkʌrənt]
grosella (f) negra	blackcurrant	[,blæk'kʌrənt]
grosella (f) espinosa	gooseberry	['gʊzbərɪ]
arándano (m)	bilberry	['bɪlbərɪ]
zarzamoras (f pl)	blackberry	['blækbərɪ]

pasas (f pl)	raisin	['reɪzən]
higo (m)	fig	[fɪg]
dátil (m)	date	[deɪt]

cacahuete (m)	peanut	['pi:nʌt]
almendra (f)	almond	['ɑ:mənd]
nuez (f)	walnut	['wɔ:lnʌt]
avellana (f)	hazelnut	['heɪzəlnʌt]
nuez (f) de coco	coconut	['kəʊkənʌt]
pistachos (m pl)	pistachios	[pɪ'stɑ:ʃɪəʊs]

39. El pan. Los dulces

pasteles (m pl)	confectionery	[kən'fekʃənərɪ]
pan (m)	bread	[bred]
galletas (f pl)	cookies	['kʊkɪz]

chocolate (m)	chocolate	['tʃɒkələt]
de chocolate (adj)	chocolate	['tʃɒkələt]
caramelo (m)	candy	['kændɪ]
tarta (f) (pequeña)	cake	[keɪk]
tarta (f) (~ de cumpleaños)	cake	[keɪk]

| pastel (m) (~ de manzana) | pie | [paɪ] |
| relleno (m) | filling | ['fɪlɪŋ] |

confitura (f)	jam	[dʒæm]
mermelada (f)	marmalade	['mɑ:məleɪd]
gofre (m)	waffles	['wɒfəlz]
helado (m)	ice-cream	[aɪs kri:m]
pudín (f)	pudding	['pʊdɪŋ]

40. Los platos al horno

plato (m)	course, dish	[kɔ:s], [dɪʃ]
cocina (f)	cuisine	[kwɪ'zi:n]
receta (f)	recipe	['resɪpɪ]
porción (f)	portion	['pɔ:ʃən]

ensalada (f)	salad	['sæləd]
sopa (f)	soup	[su:p]
caldo (m)	clear soup	[,klɪə 'su:p]
bocadillo (m)	sandwich	['sænwɪdʒ]

huevos (m pl) fritos	fried eggs	['fraɪd ˌegz]
hamburguesa (f)	hamburger	['hæmbɜːgə(r)]
bistec (m)	steak	[steɪk]

guarnición (f)	side dish	[saɪd dɪʃ]
espagueti (m)	spaghetti	[spə'getɪ]
puré (m) de patatas	mashed potatoes	[mæʃt pə'teɪtəuz]
pizza (f)	pizza	['piːtsə]
gachas (f pl)	porridge	['pɒrɪdʒ]
tortilla (f) francesa	omelet	['ɒmlɪt]

cocido en agua (adj)	boiled	['bɔɪld]
ahumado (adj)	smoked	[sməʊkt]
frito (adj)	fried	[fraɪd]
seco (adj)	dried	[draɪd]
congelado (adj)	frozen	['frəʊzən]
marinado (adj)	pickled	['pɪkəld]

azucarado (adj)	sweet	[swiːt]
salado (adj)	salty	['sɔːltɪ]
frío (adj)	cold	[kəʊld]
caliente (adj)	hot	[hɒt]
amargo (adj)	bitter	['bɪtə(r)]
sabroso (adj)	tasty	['teɪstɪ]

cocer en agua	to cook in boiling water	[tə kʊk in 'bɔɪlɪŋ 'wɔːtə]
preparar (la cena)	to cook (vt)	[tə kʊk]
freír (vt)	to fry (vt)	[tə fraɪ]
calentar (vt)	to heat up	[tə hiːt ʌp]

salar (vt)	to salt (vt)	[tə sɔːlt]
poner pimienta	to pepper (vt)	[tə 'pepə(r)]
rallar (vt)	to grate (vt)	[tə greɪt]
piel (f)	peel	[piːl]
pelar (vt)	to peel (vt)	[tə piːl]

41. Las especias

sal (f)	salt	[sɔːlt]
salado (adj)	salty	['sɔːltɪ]
salar (vt)	to salt (vt)	[tə sɔːlt]

pimienta (f) negra	black pepper	[blæk 'pepə(r)]
pimienta (f) roja	red pepper	[red 'pepə(r)]
mostaza (f)	mustard	['mʌstəd]
rábano (m) picante	horseradish	['hɔːsˌrædɪʃ]

condimento (m)	condiment	['kɒndɪmənt]
especia (f)	spice	[spaɪs]
salsa (f)	sauce	[sɔːs]
vinagre (m)	vinegar	['vɪnɪgə(r)]

anís (m)	anise	['ænɪs]
albahaca (f)	basil	['beɪzəl]

clavo (m)	cloves	[kləʊvz]
jengibre (m)	ginger	['dʒɪndʒə(r)]
cilantro (m)	coriander	[ˌkɒrɪ'ændə(r)]
canela (f)	cinnamon	['sɪnəmən]

sésamo (m)	sesame	['sesəmɪ]
hoja (f) de laurel	bay leaf	[beɪ liːf]
paprika (f)	paprika	['pæprɪkə]
comino (m)	caraway	['kærəweɪ]
azafrán (m)	saffron	['sæfrən]

42. Las comidas

| comida (f) | food | [fuːd] |
| comer (vi, vt) | to eat (vi, vt) | [tə iːt] |

desayuno (m)	breakfast	['brekfəst]
desayunar (vi)	to have breakfast	[tə hæv 'brekfəst]
almuerzo (m)	lunch	[lʌntʃ]
almorzar (vi)	to have lunch	[tə hæv lʌntʃ]
cena (f)	dinner	['dɪnə(r)]
cenar (vi)	to have dinner	[tə hæv 'dɪnə(r)]

| apetito (m) | appetite | ['æpɪtaɪt] |
| ¡Que aproveche! | Enjoy your meal! | [ɪn'dʒɔɪ jɔː ˌmiːl] |

abrir (vt)	to open (vt)	[tə 'əʊpən]
derramar (líquido)	to spill (vt)	[tə spɪl]
derramarse (líquido)	to spill out (vi)	[tə spɪl aʊt]

hervir (vi)	to boil (vi)	[tə bɔɪl]
hervir (vt)	to boil (vt)	[tə bɔɪl]
hervido (agua ~a)	boiled	['bɔɪld]

| enfriar (vt) | to chill, cool down (vt) | [tə tʃɪl], [kuːl daʊn] |
| enfriarse (vr) | to chill (vi) | [tə tʃɪl] |

| sabor (m) | taste, flavor | [teɪst], ['fleɪvə(r)] |
| regusto (m) | aftertaste | ['ɑːftəteɪst] |

adelgazar (vi)	to slim down	[tə slɪm daʊn]
dieta (f)	diet	['daɪət]
vitamina (f)	vitamin	['vaɪtəmɪn]
caloría (f)	calorie	['kælərɪ]

| vegetariano (m) | vegetarian | [ˌvedʒɪ'teərɪən] |
| vegetariano (adj) | vegetarian | [ˌvedʒɪ'teərɪən] |

grasas (f pl)	fats	[fæts]
proteínas (f pl)	proteins	['prəʊtiːnz]
carbohidratos (m pl)	carbohydrates	[ˌkɑːbəʊ'haɪdreɪts]
loncha (f)	slice	[slaɪs]
pedazo (m)	piece	[piːs]
miga (f)	crumb	[krʌm]

43. Los cubiertos

cuchara (f)	spoon	[spu:n]
cuchillo (m)	knife	[naɪf]
tenedor (m)	fork	[fɔ:k]
taza (f)	cup	[kʌp]
plato (m)	plate	[pleɪt]
platillo (m)	saucer	['sɔ:sə(r)]
servilleta (f)	napkin	['næpkɪn]
mondadientes (m)	toothpick	['tu:θpɪk]

44. El restaurante

restaurante (m)	restaurant	['restrɒnt]
cafetería (f)	coffee house	['kɒfɪ ˌhaʊs]
bar (m)	pub, bar	[pʌb], [bɑ:(r)]
salón (m) de té	tearoom	['ti:rʊm]
camarero (m)	waiter	['weɪtə(r)]
camarera (f)	waitress	['weɪtrɪs]
barman (m)	bartender	['bɑ:rˌtendə(r)]
carta (f), menú (m)	menu	['menju:]
carta (f) de vinos	wine list	['waɪn lɪst]
reservar una mesa	to book a table	[tə bʊk ə 'teɪbəl]
plato (m)	course, dish	[kɔ:s], [dɪʃ]
pedir (vt)	to order (vi, vt)	[tə 'ɔ:də(r)]
hacer el pedido	to make an order	[tə meɪk ən 'ɔ:də(r)]
aperitivo (m)	aperitif	[əperə'ti:f]
entremés (m)	appetizer	['æpɪtaɪzə(r)]
postre (m)	dessert	[dɪ'zɜ:t]
cuenta (f)	check	[ʧek]
pagar la cuenta	to pay the check	[tə peɪ ðə ʧek]
dar la vuelta	to give change	[tə gɪv 'ʧeɪndʒ]
propina (f)	tip	[tɪp]

La familia nuclear, los parientes y los amigos

45. La información personal. Los formularios

nombre (m)	name, first name	[neɪm], ['fɜːstˌneɪm]
apellido (m)	surname, last name	['sɜːneɪm], [lɑːst neɪm]
fecha (f) de nacimiento	date of birth	[deɪt əv bɜːθ]
lugar (m) de nacimiento	place of birth	[ˌpleɪs əv 'bɜːθ]
nacionalidad (f)	nationality	[ˌnæʃə'nælətɪ]
domicilio (m)	place of residence	[ˌpleɪs əv 'rezɪdəns]
país (m)	country	['kʌntrɪ]
profesión (f)	profession	[prə'feʃən]
sexo (m)	gender, sex	['dʒendə(r)], [seks]
estatura (f)	height	[haɪt]
peso (m)	weight	[weɪt]

46. Los familiares. Los parientes

madre (f)	mother	['mʌðə(r)]
padre (m)	father	['fɑːðə(r)]
hijo (m)	son	[sʌn]
hija (f)	daughter	['dɔːtə(r)]
hija (f) menor	younger daughter	[jʌŋgə 'dɔːtə(r)]
hijo (m) menor	younger son	[jʌŋgə 'sʌn]
hija (f) mayor	eldest daughter	['eldɪst 'dɔːtə(r)]
hijo (m) mayor	eldest son	['eldɪst sʌn]
hermano (m)	brother	['brʌðə(r)]
hermana (f)	sister	['sɪstə(r)]
primo (m)	cousin	['kʌzən]
prima (f)	cousin	['kʌzən]
mamá (f)	mom, mommy	[mɒm], ['mɒmɪ]
papá (m)	dad, daddy	[dæd], ['dædɪ]
padres (m pl)	parents	['peərənts]
niño -a (m, f)	child	[tʃaɪld]
niños (m pl)	children	['tʃɪldrən]
abuela (f)	grandmother	['grænˌmʌðə(r)]
abuelo (m)	grandfather	['grændˌfɑːðə(r)]
nieto (m)	grandson	['grænsʌn]
nieta (f)	granddaughter	['grænˌdɔːtə(r)]
nietos (m pl)	grandchildren	['grænˌtʃɪldrən]
tío (m)	uncle	['ʌŋkəl]
tía (f)	aunt	[ɑːnt]

| sobrino (m) | nephew | ['nefju:] |
| sobrina (f) | niece | [ni:s] |

suegra (f)	mother-in-law	['mʌðər ɪn 'lɔː]
suegro (m)	father-in-law	['faːðə ɪn ˌlɔː]
yerno (m)	son-in-law	['sʌn ɪn ˌlɔː]
madrastra (f)	stepmother	['stepˌmʌðə(r)]
padrastro (m)	stepfather	['stepˌfaːðə(r)]

niño (m) de pecho	infant	['ɪnfənt]
bebé (m)	baby	['beɪbɪ]
chico (m)	little boy	['lɪtəl ˌbɔɪ]

| mujer (f) | wife | [waɪf] |
| marido (m) | husband | ['hʌzbənd] |

casado (adj)	married	['mærɪd]
casada (adj)	married	['mærɪd]
soltero (adj)	single	['sɪŋɡəl]
soltero (m)	bachelor	['bætʃələ(r)]
divorciado (adj)	divorced	[dɪ'vɔːst]
viuda (f)	widow	['wɪdəʊ]
viudo (m)	widower	['wɪdəʊə(r)]

pariente (m)	relative	['relətɪv]
pariente (m) cercano	close relative	[ˌkləʊs 'relətɪv]
pariente (m) lejano	distant relative	['dɪstənt 'relətɪv]
parientes (m pl)	relatives	['relətɪvz]

huérfano (m), huérfana (f)	orphan	['ɔːfən]
tutor (m)	guardian	['gaːdjən]
adoptar (un niño)	to adopt (vt)	[tə ə'dɒpt]
adoptar (una niña)	to adopt (vt)	[tə ə'dɒpt]

La medicina

47. Las enfermedades

enfermedad (f)	sickness	['sɪknɪs]
estar enfermo	to be sick	[tə bi 'sɪk]
salud (f)	health	[helθ]
resfriado (m) (coriza)	runny nose	[ˌrʌnɪ 'nəʊz]
angina (f)	tonsillitis	[ˌtɒnsɪ'laɪtɪs]
resfriado (m)	cold	[kəʊld]
resfriarse (vr)	to catch a cold	[tə kætʃ ə 'kəʊld]
bronquitis (f)	bronchitis	[brɒŋ'kaɪtɪs]
pulmonía (f)	pneumonia	[nju:'məʊnɪə]
gripe (f)	flu	[flu:]
miope (adj)	nearsighted	[ˌnɪə'saɪtɪd]
présbita (adj)	farsighted	['fɑ: ˌsaɪtɪd]
estrabismo (m)	strabismus	[strə'bɪzməs]
estrábico (m) (adj)	cross-eyed	[krɒs 'aɪd]
catarata (f)	cataract	['kætərækt]
glaucoma (f)	glaucoma	[glɔ:'kəʊmə]
insulto (m)	stroke	[strəʊk]
ataque (m) cardiaco	heart attack	['hɑ:t əˌtæk]
infarto (m) de miocardio	myocardial infarction	[ˌmaɪəʊ'kɑ:dɪəl ɪn'fɑ:kʃən]
parálisis (f)	paralysis	[pə'rælɪsɪs]
paralizar (vt)	to paralyze (vt)	[tə 'pærəlaɪz]
alergia (f)	allergy	['ælədʒɪ]
asma (f)	asthma	['æsmə]
diabetes (m)	diabetes	[ˌdaɪə'bi:ti:z]
dolor (m) de muelas	toothache	['tu:θeɪk]
caries (f)	caries	['keəri:z]
diarrea (f)	diarrhea	[ˌdaɪə'rɪə]
estreñimiento (m)	constipation	[ˌkɒnstɪ'peɪʃən]
molestia (f) estomacal	stomach upset	['stʌmək 'ʌpset]
envenenamiento (m)	food poisoning	[fu:d 'pɔɪzənɪŋ]
artritis (f)	arthritis	[ɑ:'θraɪtɪs]
raquitismo (m)	rickets	['rɪkɪts]
reumatismo (m)	rheumatism	['ru:mətɪzəm]
ateroesclerosis (f)	atherosclerosis	[ˌæθərəʊsklɪ'rəʊsɪs]
gastritis (f)	gastritis	[gæs'traɪtɪs]
apendicitis (f)	appendicitis	[əˌpendɪ'saɪtɪs]
colecistitis (m)	cholecystitis	[ˌkɒlɪsɪs'taɪtɪs]

úlcera (f)	ulcer	['ʌlsə(r)]
sarampión (m)	measles	['miːzəlz]
rubeola (f)	rubella	[ruːˈbelə]
ictericia (f)	jaundice	['dʒɔːndɪs]
hepatitis (f)	hepatitis	[ˌhepəˈtaɪtɪs]

esquizofrenia (f)	schizophrenia	[ˌskɪtsəˈfriːnɪə]
rabia (f) (hidrofobia)	rabies	['reɪbiːz]
neurosis (f)	neurosis	[ˌnjʊəˈrəʊsɪs]
conmoción (m) cerebral	concussion	[kənˈkʌʃən]

cáncer (m)	cancer	['kænsə(r)]
esclerosis (f)	sclerosis	[skləˈrəʊsɪs]
esclerosis (m) múltiple	multiple sclerosis	['mʌltɪpəl skləˈrəʊsɪs]

alcoholismo (m)	alcoholism	['ælkəhɒlɪzəm]
alcohólico (m)	alcoholic	[ˌælkəˈhɒlɪk]
sífilis (f)	syphilis	['sɪfɪlɪs]
SIDA (f)	AIDS	[eɪdz]

tumor (m)	tumor	['tjuːmə(r)]
fiebre (f)	fever	['fiːvə(r)]
malaria (f)	malaria	[məˈleərɪə]
gangrena (f)	gangrene	['gæŋgriːn]
mareo (m)	seasickness	['siːsɪknɪs]
epilepsia (f)	epilepsy	['epɪlepsɪ]

epidemia (f)	epidemic	[ˌepɪˈdemɪk]
tifus (m)	typhus	['taɪfəs]
tuberculosis (f)	tuberculosis	[tjuːˌbɜːkjʊˈləʊsɪs]
cólera (f)	cholera	['kɒlərə]
peste (f)	plague	[pleɪg]

48. Los síntomas. Los tratamientos. Unidad 1

síntoma (m)	symptom	['sɪmptəm]
temperatura (f)	temperature	['temprətʃə(r)]
fiebre (f)	high temperature, fever	[haɪ 'temprətʃə(r)], ['fiːvə(r)]
pulso (m)	pulse	[pʌls]

mareo (m) (vértigo)	dizziness	['dɪzɪnɪs]
caliente (adj)	hot	[hɒt]
escalofrío (m)	shivering	['ʃɪvərɪŋ]
pálido (adj)	pale	[peɪl]

tos (f)	cough	[kɒf]
toser (vi)	to cough (vi)	[tə kɒf]
estornudar (vi)	to sneeze (vi)	[tə sniːz]
desmayo (m)	faint	[feɪnt]
desmayarse (vr)	to faint (vi)	[tə feɪnt]

moradura (f)	bruise	[bruːz]
chichón (m)	bump	[bʌmp]
golpearse (vr)	to bang (vi)	[tə bæŋ]

| magulladura (f) | bruise | [bru:z] |
| magullarse (vr) | to get a bruise | [tə get ə bru:z] |

cojear (vi)	to limp (vi)	[tə lɪmp]
dislocación (f)	dislocation	[ˌdɪslə'keɪʃən]
dislocar (vt)	to dislocate (vt)	[tə 'dɪsləkeɪt]
fractura (f)	fracture	['fræktʃə(r)]
tener una fractura	to have a fracture	[tə hæv ə 'fræktʃə(r)]

corte (m) (tajo)	cut	[kʌt]
cortarse (vr)	to cut oneself	[tə kʌt wʌn'self]
hemorragia (f)	bleeding	['bli:dɪŋ]

| quemadura (f) | burn | [bɜ:n] |
| quemarse (vr) | to get burned | [tə get 'bɜ:nd] |

pincharse (el dedo)	to prick (vt)	[tə prɪk]
pincharse (vr)	to prick oneself	[tə prɪk wʌn'self]
herir (vt)	to injure (vt)	[tə 'ɪndʒə(r)]
herida (f)	injury	['ɪndʒərɪ]
lesión (f) (herida)	wound	[wu:nd]
trauma (m)	trauma	['traʊmə]

delirar (vi)	to be delirious	[tə bi dɪ'lɪrɪəs]
tartamudear (vi)	to stutter (vi)	[tə 'stʌtə(r)]
insolación (f)	sunstroke	['sʌnstrəʊk]

49. Los síntomas. Los tratamientos. Unidad 2

| dolor (m) | pain, ache | [peɪn], [eɪk] |
| astilla (f) | splinter | ['splɪntə(r)] |

sudor (m)	sweat	[swet]
sudar (vi)	to sweat (vi)	[tə swet]
vómito (m)	vomiting	['vɒmɪtɪŋ]
convulsiones (f)	convulsions	[kən'vʌlʃənz]

embarazada (adj)	pregnant	['pregnənt]
nacer (vi)	to be born	[tə bi bɔ:n]
parto (m)	delivery, labor	[dɪ'lɪvərɪ], ['leɪbə(r)]
dar a luz	to deliver (vt)	[tə dɪ'lɪvə(r)]
aborto (m)	abortion	[ə'bɔ:ʃən]

respiración (f)	breathing, respiration	['bri:ðɪŋ], [ˌrespə'reɪʃən]
inspiración (f)	in-breath, inhalation	['ɪnbreθ], [ˌɪnhə'leɪʃən]
espiración (f)	out-breath, exhalation	['aʊtbreθ],[ˌeksə'leɪʃən]
espirar (vi)	to exhale (vi)	[tə eks'heɪl]
inspirar (vi)	to inhale (vi)	[tə ɪn'heɪl]

inválido (m)	disabled person	[dɪs'eɪbəld 'pɜ:sən]
mutilado (m)	cripple	['krɪpəl]
drogadicto (m)	drug addict	['drʌgˌædɪkt]
sordo (adj)	deaf	[def]
mudo (adj)	mute	[mju:t]

sordomudo (adj)	deaf mute	[def mju:t]
loco (adj)	mad, insane	[mæd], [ɪn'seɪn]
loco (m)	madman	['mædmən]
loca (f)	madwoman	['mæd‚wʊmən]
volverse loco	to go insane	[tə gəʊ ɪn'seɪn]

gen (m)	gene	[dʒi:n]
inmunidad (f)	immunity	[ɪ'mju:nətɪ]
hereditario (adj)	hereditary	[hɪ'redɪtərɪ]
de nacimiento (adj)	congenital	[kən'dʒenɪtəl]

virus (m)	virus	['vaɪrəs]
microbio (m)	microbe	['maɪkrəʊb]
bacteria (f)	bacterium	[bæk'tɪərɪəm]
infección (f)	infection	[ɪn'fekʃən]

50. Los síntomas. Los tratamientos. Unidad 3

| hospital (m) | hospital | ['hɒspɪtəl] |
| paciente (m) | patient | ['peɪʃənt] |

diagnosis (f)	diagnosis	[‚daɪəg'nəʊsɪs]
cura (f)	cure	[kjʊə]
tratamiento (m)	treatment	['tri:tmənt]
curarse (vr)	to get treatment	[tə get 'tri:tmənt]
tratar (vt)	to treat (vt)	[tə tri:t]
cuidar (a un enfermo)	to nurse (vt)	[tə nɜ:s]
cuidados (m pl)	care	[keə(r)]

operación (f)	operation, surgery	[‚ɒpə'reɪʃən], ['sɜ:dʒərɪ]
vendar (vt)	to bandage (vt)	[tə 'bændɪdʒ]
vendaje (m)	bandaging	['bændɪdʒɪŋ]
vacunación (f)	vaccination	[‚væksɪ'neɪʃən]
vacunar (vt)	to vaccinate (vt)	[tə 'væksɪneɪt]
inyección (f)	injection, shot	[ɪn'dʒekʃən], [ʃɒt]
aplicar una inyección	to give an injection	[tə‚gɪv ən ɪn'dʒekʃən]

ataque (m)	attack	[ə'tæk]
amputación (f)	amputation	[‚æmpjʊ'teɪʃən]
amputar (vt)	to amputate (vt)	[tə 'æmpjʊteɪt]
coma (m)	coma	['kəʊmə]
estar en coma	to be in a coma	[tə bi ɪn ə 'kəʊmə]
revitalización (f)	intensive care	[ɪn'tensɪv ‚keə(r)]

recuperarse (vr)	to recover (vi)	[tə rɪ'kʌvə(r)]
estado (m) (de salud)	condition	[kən'dɪʃən]
consciencia (f)	consciousness	['kɒnʃəsnɪs]
memoria (f)	memory	['memərɪ]

extraer (un diente)	to pull out	[tə ‚pʊl 'aʊt]
empaste (m)	filling	['fɪlɪŋ]
empastar (vt)	to fill (vt)	[tə fɪl]
hipnosis (f)	hypnosis	[hɪp'nəʊsɪs]
hipnotizar (vt)	to hypnotize (vt)	[tə 'hɪpnətaɪz]

51. Los médicos

médico (m)	doctor	['dɒktə(r)]
enfermera (f)	nurse	[nɜːs]
médico (m) personal	personal doctor	['pɜːsənəl 'dɒktə(r)]

dentista (m)	dentist	['dentɪst]
oftalmólogo (m)	eye doctor	[aɪ 'dɒktə(r)]
internista (m)	internist	[ɪn'tɜːnɪst]
cirujano (m)	surgeon	['sɜːdʒən]

psiquiatra (m)	psychiatrist	[saɪ'kaɪətrɪst]
pediatra (m)	pediatrician	[ˌpiːdɪə'trɪʃən]
psicólogo (m)	psychologist	[saɪ'kɒlədʒɪst]
ginecólogo (m)	gynecologist	[ˌgaɪnɪ'kɒlədʒɪst]
cardiólogo (m)	cardiologist	[ˌkɑːdɪ'ɒlədʒɪst]

52. La medicina. Las drogas. Los accesorios

medicamento (m), droga (f)	medicine, drug	['medsɪn], [drʌg]
remedio (m)	remedy	['remədɪ]
prescribir (vt)	to prescribe (vt)	[tə prɪ'skraɪb]
receta (f)	prescription	[prɪ'skrɪpʃən]

tableta (f)	tablet, pill	['tæblɪt], [pɪl]
ungüento (m)	ointment	['ɔɪntmənt]
ampolla (f)	ampule	['æmpuːl]
mixtura (f), mezcla (f)	mixture	['mɪkstʃə(r)]
sirope (m)	syrup	['sɪrəp]
píldora (f)	pill	[pɪl]
polvo (m)	powder	['paʊdə(r)]

venda (f)	bandage	['bændɪdʒ]
algodón (m) (discos de ~)	cotton wool	['kɒtən ˌwʊl]
yodo (m)	iodine	['aɪədaɪn]

tirita (f), curita (f)	Band-Aid	['bændˌeɪd]
pipeta (f)	eyedropper	[aɪ 'drɒpə(r)]
termómetro (m)	thermometer	[θə'mɒmɪtə(r)]
jeringa (f)	syringe	[sɪ'rɪndʒ]

silla (f) de ruedas	wheelchair	['wiːlˌtʃeə(r)]
muletas (f pl)	crutches	[krʌtʃɪz]

anestésico (m)	painkiller	['peɪnˌkɪlə(r)]
purgante (m)	laxative	['læksətɪv]
alcohol (m)	spirits (ethanol)	['spɪrɪts], ['eθənɒl]
hierba (f) medicinal	medicinal herbs	[mə'dɪsɪnəl ɜːrbz]
de hierbas (té ~)	herbal	['ɜːrbəl]

EL AMBIENTE HUMANO

La ciudad

53. La ciudad. La vida en la ciudad

ciudad (f)	city, town	['sɪtɪ], [taʊn]
capital (f)	capital	['kæpɪtəl]
aldea (f)	village	['vɪlɪʤ]

plano (m) de la ciudad	city map	['sɪtɪˌmæp]
centro (m) de la ciudad	downtown	['daʊnˌtaʊn]
suburbio (m)	suburb	['sʌbɜ:b]
suburbano (adj)	suburban	[sə'bɜ:bən]

arrabal (m)	outskirts	['aʊtskɜ:ts]
afueras (f pl)	environs	[ɪn'vaɪərənz]
barrio (m)	city block	['sɪtɪ blɒk]
zona (f) de viviendas	residential block	[ˌrezɪ'denʃəl blɒk]

tráfico (m)	traffic	['træfɪk]
semáforo (m)	traffic lights	['træfɪk laɪts]
transporte (m) urbano	public transportation	['pʌblɪk ˌtrænspɔ:'teɪʃən]
cruce (m)	intersection	[ˌɪntə'sekʃən]

paso (m) de peatones	crosswalk	['krɒswɔ:k]
paso (m) subterráneo	pedestrian underpass	[pɪ'destrɪən 'ʌndəpɑ:s]
cruzar (vt)	to cross (vt)	[tə krɒs]
peatón (m)	pedestrian	[pɪ'destrɪən]
acera (f)	sidewalk	['saɪdwɔ:k]

puente (m)	bridge	[brɪʤ]
muelle (m)	embankment	[ɪm'bæŋkmənt]

alameda (f)	allée	[ale]
parque (m)	park	[pɑ:k]
bulevar (m)	boulevard	['bu:ləvɑ:d]
plaza (f)	square	[skweə(r)]
avenida (f)	avenue	['ævənju:]
calle (f)	street	[stri:t]
callejón (m)	side street	[saɪd stri:t]
callejón (m) sin salida	dead end	[ˌded 'end]

casa (f)	house	[haʊs]
edificio (m)	building	['bɪldɪŋ]
rascacielos (m)	skyscraper	['skaɪˌskreɪpə(r)]

fachada (f)	facade	[fə'sɑ:d]
techo (m)	roof	[ru:f]

46464646

ventana (f)	window	['wɪndəʊ]
arco (m)	arch	[ɑːtʃ]
columna (f)	column	['kɒləm]
esquina (f)	corner	['kɔːnə(r)]

escaparate (f)	store window	['stɔː ˌwɪndəʊ]
letrero (m) (~ luminoso)	signboard	['saɪnbɔːd]
cartel (m)	poster	['pəʊstə(r)]
cartel (m) publicitario	advertising poster	['ædvətaɪzɪŋ 'pəʊstə(r)]
valla (f) publicitaria	billboard	['bɪlbɔːd]

basura (f)	garbage, trash	['gɑːbɪdʒ], [træʃ]
cajón (m) de basura	trashcan	['træʃkæn]
tirar basura	to litter (vi)	[tə 'lɪtə(r)]
basurero (m)	garbage dump	['gɑːbɪdʒ dʌmp]

cabina (f) telefónica	phone booth	['fəʊn ˌbuːθ]
farola (f)	street light	['striːt laɪt]
banco (m) (del parque)	bench	[bentʃ]

policía (m)	police officer	[pə'liːs 'ɒfɪsə(r)]
policía (f) (~ nacional)	police	[pə'liːs]
mendigo (m)	beggar	['begə(r)]
persona (f) sin hogar	homeless	['həʊmlɪs]

54. Las instituciones urbanas

tienda (f)	store	[stɔː(r)]
farmacia (f)	drugstore, pharmacy	['drʌgstɔː(r)], ['fɑːməsɪ]
óptica (f)	eyeglass store	['aɪglɑːs stɔː(r)]
centro (m) comercial	shopping mall	['ʃɒpɪŋ mɔːl]
supermercado (m)	supermarket	['suːpəˌmɑːkɪt]

panadería (f)	bakery	['beɪkərɪ]
panadero (m)	baker	['beɪkə(r)]
pastelería (f)	pastry shop	['peɪstrɪ ʃɒp]
tienda (f) de comestibles	grocery store	['grəʊsərɪ stɔː(r)]
carnicería (f)	butcher shop	['bʊtʃəzʃɒp]

| verdulería (f) | produce store | ['prɒdjuːs stɔː] |
| mercado (m) | market | ['mɑːkɪt] |

cafetería (f)	coffee house	['kɒfɪ ˌhaʊs]
restaurante (m)	restaurant	['restrɒnt]
cervecería (f)	pub, bar	[pʌb], [bɑː(r)]
pizzería (f)	pizzeria	[ˌpiːtsə'rɪə]

peluquería (f)	hair salon	['heə 'sælɒn]
oficina (f) de correos	post office	[pəʊst 'ɒfɪs]
tintorería (f)	dry cleaners	[ˌdraɪ 'kliːnəz]
estudio (m) fotográfico	photo studio	['fəʊtəʊ 'stjuːdɪəʊ]

| zapatería (f) | shoe store | ['ʃuː stɔː(r)] |
| librería (f) | bookstore | ['bʊkstɔː(r)] |

tienda (f) deportiva	sporting goods store	['spɔ:tɪŋ gʊdz stɔ:(r)]
arreglos (m pl) de ropa	clothes repair shop	[kləʊðz rɪ'peə(r) ʃɒp]
alquiler (m) de ropa	formal wear rental	['fɔ:məl weə 'rentəl]
videoclub (m)	video rental store	['vɪdɪəʊ 'rentəl stɔ:]

circo (m)	circus	['sɜ:kəs]
zoo (m)	zoo	[zu:]
cine (m)	movie theater	['mu:vɪ 'θɪətə(r)]
museo (m)	museum	[mju:'zi:əm]
biblioteca (f)	library	['laɪbrərɪ]

teatro (m)	theater	['θɪətə(r)]
ópera (f)	opera	['ɒpərə]
club (m) nocturno	nightclub	[naɪt klʌb]
casino (m)	casino	[kə'si:nəʊ]

mezquita (f)	mosque	[mɒsk]
sinagoga (f)	synagogue	['sɪnəgɒg]
catedral (f)	cathedral	[kə'θi:drəl]
templo (m)	temple	['tempəl]
iglesia (f)	church	[tʃɜ:tʃ]

instituto (m)	college	['kɒlɪdʒ]
universidad (f)	university	[ˌju:nɪ'vɜ:sətɪ]
escuela (f)	school	[sku:l]

prefectura (f)	prefecture	['pri:fekˌtjʊə(r)]
alcaldía (f)	city hall	['sɪtɪ ˌhɔ:l]
hotel (m)	hotel	[həʊ'tel]
banco (m)	bank	[bæŋk]

embajada (f)	embassy	['embəsɪ]
agencia (f) de viajes	travel agency	['trævəl 'eɪdʒənsɪ]
oficina (f) de información	information office	[ˌɪnfə'meɪʃən 'ɒfɪs]
oficina (f) de cambio	currency exchange	['kʌrənsɪ ɪks'tʃeɪndʒ]

| metro (m) | subway | ['sʌbweɪ] |
| hospital (m) | hospital | ['hɒspɪtəl] |

| gasolinera (f) | gas station | [gæs 'steɪʃən] |
| aparcamiento (m) | parking lot | ['pɑ:kɪŋ lɒt] |

55. Los avisos

letrero (m) (~ luminoso)	signboard	['saɪnbɔ:d]
cartel (m) (texto escrito)	notice	['nəʊtɪs]
pancarta (f)	poster	['pəʊstə(r)]
signo (m) de dirección	direction sign	[dɪ'rekʃən saɪn]
flecha (f) (signo)	arrow	['ærəʊ]

advertencia (f)	caution	['kɔ:ʃən]
aviso (m)	warning sign	['wɔ:nɪŋ saɪn]
advertir (vt)	to warn	[tə wɔ:n]
día (m) de descanso	rest day	[rest deɪ]

| horario (m) | timetable | ['taɪmˌteɪbəl] |
| horario (m) de apertura | opening hours | ['əʊpənɪŋ ˌaʊəz] |

¡BIENVENIDOS!	WELCOME!	['welkəm]
ENTRADA	ENTRANCE	['entrəns]
SALIDA	EXIT	['eksɪt]

EMPUJAR	PUSH	[pʊʃ]
TIRAR	PULL	[pʊl]
ABIERTO	OPEN	['əʊpən]
CERRADO	CLOSED	[kləʊzd]

| MUJERES | WOMEN | ['wɪmɪn] |
| HOMBRES | MEN | ['men] |

REBAJAS	DISCOUNTS	['dɪskaʊnts]
SALDOS	SALE	[seɪl]
NOVEDAD	NEW!	[nju:]
GRATIS	FREE	[fri:]

¡ATENCIÓN!	ATTENTION!	[ə'tenʃən]
COMPLETO	NO VACANCIES	[nəʊ 'veɪkənsɪz]
RESERVADO	RESERVED	[rɪ'zɜ:vd]

| ADMINISTRACIÓN | ADMINISTRATION | [ədˌmɪnɪ'streɪʃən] |
| SÓLO PERSONAL AUTORIZADO | STAFF ONLY | [stɑ:f 'əʊnlɪ] |

CUIDADO CON EL PERRO	BEWARE OF THE DOG!	[bɪ'weə əv ðə ˌdɒg]
PROHIBIDO FUMAR	NO SMOKING	[nəʊ 'sməʊkɪŋ]
NO TOCAR	DO NOT TOUCH!	[də nɒt 'tʌtʃ]

PELIGROSO	DANGEROUS	['deɪndʒərəs]
PELIGRO	DANGER	['deɪndʒə(r)]
ALTA TENSIÓN	HIGH VOLTAGE	[haɪ 'vəʊltɪdʒ]
PROHIBIDO BAÑARSE	NO SWIMMING!	[nəʊ 'swɪmɪŋ]
NO FUNCIONA	OUT OF ORDER	[ˌaʊt əv 'ɔ:də(r)]

INFLAMABLE	FLAMMABLE	['flæməbəl]
PROHIBIDO	FORBIDDEN	[fə'bɪdən]
PROHIBIDO EL PASO	NO TRESPASSING!	[nəʊ 'trespəsɪŋ]
RECIÉN PINTADO	WET PAINT	[wet peɪnt]

56. El transporte urbano

autobús (m)	bus	[bʌs]
tranvía (m)	streetcar	['stri:tkɑ:(r)]
trolebús (m)	trolley bus	['trɒlɪbʌs]
itinerario (m)	route	[raʊt]
número (m)	number	['nʌmbə(r)]

ir en …	to go by …	[tə gəʊ baɪ]
tomar (~ el autobús)	to get on	[tə get ɒn]
bajar (~ del tren)	to get off …	[tə get ɒf]

parada (f)	stop	[stɒp]
próxima parada (f)	next stop	[ˌnekst 'stɒp]
parada (f) final	terminus	['tɜːmɪnəs]
horario (m)	schedule	['skedʒʊl]
esperar (aguardar)	to wait (vt)	[tə weɪt]

billete (m)	ticket	['tɪkɪt]
precio (m) del billete	fare	[feə(r)]

cajero (m)	cashier	[kæ'ʃɪə(r)]
control (m) de billetes	ticket inspection	['tɪkɪt ɪn'spekʃən]
cobrador (m)	ticket inspector	['tɪkɪt ɪn'spektə(r)]

llegar tarde (vi)	to be late	[tə bi 'leɪt]
tener prisa	to be in a hurry	[tə bi ɪn ə 'hʌrɪ]

taxi (m)	taxi, cab	['tæksɪ], [kæb]
taxista (m)	taxi driver	['tæksɪ 'draɪvə(r)]
en taxi	by taxi	[baɪ 'tæksɪ]
parada (f) de taxi	taxi stand	['tæksɪ stænd]
llamar un taxi	to call a taxi	[tə kɔːl ə 'tæksɪ]
tomar un taxi	to take a taxi	[tə ˌteɪk ə 'tæksɪ]

tráfico (m)	traffic	['træfɪk]
atasco (m)	traffic jam	['træfɪk dʒæm]
horas (f pl) de punta	rush hour	['rʌʃ ˌaʊə(r)]
aparcar (vi)	to park (vi)	[tə pɑːk]
aparcar (vt)	to park (vt)	[tə pɑːk]
aparcamiento (m)	parking lot	['pɑːkɪŋ lɒt]

metro (m)	subway	['sʌbweɪ]
estación (f)	station	['steɪʃən]
ir en el metro	to take the subway	[tə ˌteɪk ðə 'sʌbweɪ]
tren (m)	train	[treɪn]
estación (f)	train station	[treɪn 'steɪʃən]

57. La exploración del paisaje

monumento (m)	monument	['mɒnjʊmənt]
fortaleza (f)	fortress	['fɔːtrɪs]
palacio (m)	palace	['pælɪs]
castillo (m)	castle	['kɑːsəl]
torre (f)	tower	['taʊə(r)]
mausoleo (m)	mausoleum	[ˌmɔːzə'lɪəm]

arquitectura (f)	architecture	['ɑːkɪtektʃə(r)]
medieval (adj)	medieval	[ˌmedɪ'iːvəl]
antiguo (adj)	ancient	['eɪnʃənt]
nacional (adj)	national	['næʃənəl]
conocido (adj)	famous	['feɪməs]

turista (m)	tourist	['tʊərɪst]
guía (m) (persona)	guide	[gaɪd]
excursión (f)	excursion	[ɪk'skɜːʃən]

| mostrar (vt) | to show (vt) | [tə ʃəʊ] |
| contar (una historia) | to tell (vt) | [tə tel] |

encontrar (hallar)	to find (vt)	[tə faɪnd]
perderse (vr)	to get lost	[tə get lɒst]
plano (m) (~ de metro)	map	[mæp]
mapa (m) (~ de la ciudad)	map	[mæp]

recuerdo (m)	souvenir, gift	[ˌsuːvəˈnɪə], [gɪft]
tienda (f) de regalos	gift shop	[ˈgɪftʃɒp]
hacer fotos	to take pictures	[tə ˌteɪk ˈpɪktʃəz]

58. Las compras

comprar (vt)	to buy (vt)	[tə baɪ]
compra (f)	purchase	[ˈpɜːtʃəs]
hacer compras	to go shopping	[tə gəʊ ˈʃɒpɪŋ]
compras (f pl)	shopping	[ˈʃɒpɪŋ]

| estar abierto (tienda) | to be open | [tə bi ˈəʊpən] |
| estar cerrado | to be closed | [tə bi kləʊzd] |

calzado (m)	footwear, shoes	[ˈfʊtweə(r)], [ʃuːz]
ropa (f), vestido (m)	clothes, clothing	[kləʊðz], [ˈkləʊðɪŋ]
cosméticos (m pl)	cosmetics	[kɒzˈmetɪks]
productos alimenticios	food products	[fuːd ˈprɒdʌkts]
regalo (m)	gift, present	[gɪft], [ˈprezənt]

vendedor (m)	salesman	[ˈseɪlzmən]
vendedora (f)	saleswoman	[ˈseɪlzˌwʊmən]
caja (f)	check out, cash desk	[tʃek aʊt], [kæʃ desk]
espejo (m)	mirror	[ˈmɪrə(r)]
mostrador (m)	counter	[ˈkaʊntə(r)]
probador (m)	fitting room	[ˈfɪtɪŋ ˌrum]

probar (un vestido)	to try on (vt)	[tə ˌtraɪ ˈɒn]
quedar (una ropa, etc.)	to fit (vt)	[tə fɪt]
gustar (vi)	to like (vt)	[tə laɪk]

precio (m)	price	[praɪs]
etiqueta (f) de precio	price tag	[ˈpraɪs tæg]
costar (vt)	to cost (vt)	[tə kɒst]
¿Cuánto?	How much?	[ˌhaʊ ˈmʌtʃ]
descuento (m)	discount	[ˈdɪskaʊnt]

no costoso (adj)	inexpensive	[ˌɪnɪkˈspensɪv]
barato (adj)	cheap	[tʃiːp]
caro (adj)	expensive	[ɪkˈspensɪv]
Es caro	It's expensive	[ɪts ɪkˈspensɪv]

alquiler (m)	rental	[ˈrentəl]
alquilar (vt)	to rent (vt)	[tə rent]
crédito (m)	credit	[ˈkredɪt]
a crédito (adv)	on credit	[ɒn ˈkredɪt]

59. El dinero

dinero (m)	money	['mʌnɪ]
cambio (m)	currency exchange	['kʌrənsɪ ɪks'ʧeɪndʒ]
curso (m)	exchange rate	[ɪks'ʧeɪndʒ reɪt]
cajero (m) automático	ATM	[ˌeɪti:'em]
moneda (f)	coin	[kɔɪn]

dólar (m)	dollar	['dɒlə(r)]
euro (m)	euro	['juərəʊ]

lira (f)	lira	['lɪərə]
marco (m) alemán	Deutschmark	['dɔɪʧmɑːk]
franco (m)	franc	[fræŋk]
libra esterlina (f)	pound sterling	[paʊnd 'stɜːlɪŋ]
yen (m)	yen	[jen]

deuda (f)	debt	[det]
deudor (m)	debtor	['detə(r)]
prestar (vt)	to lend (vt)	[tə lend]
tomar prestado	to borrow (vt)	[tə 'bɒrəʊ]

banco (m)	bank	[bæŋk]
cuenta (f)	account	[ə'kaʊnt]
ingresar (~ en la cuenta)	to deposit (vt)	[tə dɪ'pɒzɪt]

tarjeta (f) de crédito	credit card	['kredɪt kɑːd]
dinero (m) en efectivo	cash	[kæʃ]
cheque (m)	check	[ʧek]
sacar un cheque	to write a check	[tə ˌraɪt ə 'ʧek]
talonario (m)	checkbook	['ʧekˌbʊk]

cartera (f)	wallet	['wɒlɪt]
monedero (m)	change purse	[ʧeɪndʒ pɜːs]
caja (f) fuerte	safe	[seɪf]

heredero (m)	heir	[eə(r)]
herencia (f)	inheritance	[ɪn'herɪtəns]
fortuna (f)	fortune	['fɔːʧuːn]

arriendo (m)	lease	[liːs]
alquiler (m) (dinero)	rent	[rent]
alquilar (~ una casa)	to rent (vt)	[tə rent]

precio (m)	price	[praɪs]
coste (m)	cost	[kɒst]
suma (f)	sum	[sʌm]

gastos (m pl)	expenses	[ɪk'spensɪz]
economizar (vi, vt)	to economize (vi, vt)	[tə ɪ'kɒnəmaɪz]
económico (adj)	economical	[ˌiːkə'nɒmɪkəl]

pagar (vi, vt)	to pay (vi, vt)	[tə peɪ]
pago (m)	payment	['peɪmənt]
cambio (m) (devolver el ~)	change	[ʧeɪndʒ]

impuesto (m)	tax	[tæks]
multa (f)	fine	[faɪn]
multar (vt)	to fine (vt)	[tə faɪn]

60. La oficina de correos

oficina (f) de correos	post office	[pəʊst 'ɒfɪs]
correo (m) (cartas, etc.)	mail	[meɪl]
cartero (m)	mailman	['meɪlmən]
horario (m) de apertura	opening hours	['əʊpənɪŋ ‚aʊəz]

carta (f)	letter	['letə(r)]
carta (f) certificada	registered letter	['redʒɪstəd 'letə(r)]
tarjeta (f) postal	postcard	['pəʊstkɑ:d]
telegrama (m)	telegram	['telɪɡræm]
paquete (m) postal	package, parcel	['pækɪdʒ], ['pɑ:səl]
giro (m) postal	money transfer	['mʌnɪ træns'fɜ:(r)]

recibir (vt)	to receive (vt)	[tə rɪ'si:v]
enviar (vt)	to send (vt)	[tə send]
envío (m)	sending	['sendɪŋ]

dirección (f)	address	[ə'dres]
código (m) postal	ZIP code	['zɪp ‚kəʊd]
expedidor (m)	sender	['sendə(r)]
destinatario (m)	receiver	[rɪ'si:və(r)]

| nombre (m) | first name | [fɜ:st neɪm] |
| apellido (m) | surname, last name | ['sɜ:neɪm], [lɑ:st neɪm] |

tarifa (f)	rate	[reɪt]
ordinario (adj)	standard	['stændəd]
económico (adj)	economical	[‚i:kə'nɒmɪkəl]

peso (m)	weight	[weɪt]
pesar (~ una carta)	to weigh (vt)	[tə weɪ]
sobre (m)	envelope	['envələʊp]
sello (m)	postage stamp	['pəʊstɪdʒ ‚stæmp]
poner un sello	to stamp an envelope	[tə stæmp ən 'envələʊp]

La vivienda. La casa. El hogar

61. La casa. La electricidad

electricidad (f)	electricity	[ˌɪlek'trɪsətɪ]
bombilla (f)	light bulb	['laɪt ˌbʌlb]
interruptor (m)	switch	[swɪtʃ]
fusible (m)	fuze, fuse	[fjuːz]

hilo (m) (~ eléctrico)	cable, wire	['keɪbəl], ['waɪə]
instalación (f) eléctrica	wiring	['waɪərɪŋ]
contador (m) de luz	electricity meter	[ˌɪlek'trɪsətɪ 'miːtə(r)]
lectura (f) (~ del contador)	readings	['riːdɪŋz]

62. La villa. La mansión

casa (f) de campo	country house	['kʌntrɪ haʊs]
villa (f)	villa	['vɪlə]
ala (f)	wing	[wɪŋ]

jardín (m)	garden	['gɑːdən]
parque (m)	park	[pɑːk]
invernadero (m) tropical	tropical greenhouse	['trɒpɪkəl 'griːnhaʊs]
cuidar (~ el jardín, etc.)	to look after	[tə ˌlʊk 'ɑːftə(r)]

piscina (f)	swimming pool	['swɪmɪŋ puːl]
gimnasio (m)	gym	[dʒɪm]
cancha (f) de tenis	tennis court	['tenɪs kɔːt]

| sala (f) de cine | home theater room | [həʊm 'θɪətə rʊm] |
| garaje (m) | garage | [gə'rɑːʒ] |

| propiedad (f) privada | private property | ['praɪvɪt 'prɒpətɪ] |
| terreno (m) privado | private land | ['praɪvɪt lænd] |

| advertencia (f) | warning | ['wɔːnɪŋ] |
| letrero (m) de aviso | warning sign | ['wɔːnɪŋ saɪn] |

seguridad (f)	security	[sɪ'kjʊərətɪ]
guardia (m) de seguridad	security guard	[sɪ'kjʊərətɪ gɑːd]
alarma (f) antirrobo	burglar alarm	['bɜːglə ə'lɑːm]

63. El apartamento

| apartamento (m) | apartment | [ə'pɑːtmənt] |
| habitación (f) | room | [rʊːm] |

dormitorio (m)	bedroom	['bedrʊm]
comedor (m)	dining room	['daınıŋ rʊm]
salón (m)	living room	['lıvıŋ ruːm]
despacho (m)	study	['stʌdı]

antecámara (f)	entry room	['entrı ruːm]
cuarto (m) de baño	bathroom	['baːθrʊm]
servicio (m)	half bath	[haːf baːθ]

techo (m)	ceiling	['siːlıŋ]
suelo (m)	floor	[flɔː(r)]
rincón (m)	corner	['kɔːnə(r)]

64. Los muebles. El interior

muebles (m pl)	furniture	['fɜːnıʧə(r)]
mesa (f)	table	['teıbəl]
silla (f)	chair	[ʧeə(r)]
cama (f)	bed	[bed]

| sofá (m) | couch, sofa | [kaʊʧ], ['səʊfə] |
| sillón (m) | armchair | ['aːmʧeə(r)] |

| librería (f) | bookcase | ['bʊkkeıs] |
| estante (m) | shelf | [ʃelf] |

armario (m)	wardrobe	['wɔːdrəʊb]
percha (f)	coat rack	['kəʊt ˌræk]
perchero (m) de pie	coat stand	['kəʊt stænd]

| cómoda (f) | bureau, dresser | ['bjʊərəʊ], ['dresə(r)] |
| mesa (f) de café | coffee table | ['kɒfı 'teıbəl] |

espejo (m)	mirror	['mırə(r)]
tapiz (m)	carpet	['kaːpıt]
alfombra (f)	rug, small carpet	[rʌg], [smɔːl 'kaːpıt]

chimenea (f)	fireplace	['faıəpleıs]
candela (f)	candle	['kændəl]
candelero (m)	candlestick	['kændəlstık]

cortinas (f pl)	drapes	[dreıps]
empapelado (m)	wallpaper	['wɔːlˌpeıpə(r)]
estor (m) de láminas	blinds	[blaındz]

lámpara (f) de mesa	table lamp	['teıbəl læmp]
lámpara (f) de pie	floor lamp	[flɔː læmp]
lámpara (f) de araña	chandelier	[ˌʃændə'lıə(r)]

| pata (f) (~ de la mesa) | leg | [leg] |
| brazo (m) | armrest | ['aːmrest] |

| espaldar (m) | back | [bæk] |
| cajón (m) | drawer | [drɔː(r)] |

65. Los accesorios de la cama

ropa (f) de cama	bedclothes	['bedkləʊðz]
almohada (f)	pillow	['pıləʊ]
funda (f)	pillowcase	['pıləʊkeıs]
manta (f)	duvet, comforter	['duːveı], ['kʌmfətə(r)]
sábana (f)	sheet	[ʃiːt]
sobrecama (f)	bedspread	['bedspred]

66. La cocina

cocina (f)	kitchen	['kıʧın]
gas (m)	gas	[gæs]
cocina (f) de gas	gas stove	['gæs stəʊv]
cocina (f) eléctrica	electric stove	[ı'lektrık stəʊv]
horno (m)	oven	['ʌvən]
horno (m) microondas	microwave oven	['maıkrəweıv 'ʌvən]

frigorífico (m)	fridge	[frıʤ]
congelador (m)	freezer	['friːzə(r)]
lavavajillas (m)	dishwasher	['dıʃ͵wɒʃə(r)]

picadora (f) de carne	meat grinder	[miːt 'graındə(r)]
exprimidor (m)	juicer	['ʤuːsə]
tostador (m)	toaster	['təʊstə(r)]
batidora (f)	mixer	['mıksə(r)]

cafetera (f) (aparato de cocina)	coffee machine	['kɒfı mə'ʃiːn]
cafetera (f) (para servir)	coffee pot	['kɒfı pɒt]
molinillo (m) de café	coffee grinder	['kɒfı 'graındə(r)]
hervidor (m) de agua	kettle	['ketəl]
tetera (f)	teapot	['tiːpɒt]
tapa (f)	lid	[lıd]
colador (m) de té	tea strainer	[tiː 'streınə(r)]

cuchara (f)	spoon	[spuːn]
cucharilla (f)	teaspoon	['tiːspuːn]
cuchara (f) de sopa	soup spoon	[suːp spuːn]
tenedor (m)	fork	[fɔːk]
cuchillo (m)	knife	[naıf]

vajilla (f)	tableware	['teıbəlweə(r)]
plato (m)	plate	[pleıt]
platillo (m)	saucer	['sɔːsə(r)]

vaso (m) de chupito	shot glass	[ʃɒt glɑːs]
vaso (m) (~ de agua)	glass	[glɑːs]
taza (f)	cup	[kʌp]

azucarera (f)	sugar bowl	['ʃʊgə ͵bəʊl]
salero (m)	salt shaker	[sɒlt 'ʃeıkə]
pimentero (m)	pepper shaker	['pepə 'ʃeıkə]

mantequera (f)	butter dish	['bʌtə dɪʃ]
cacerola (f)	stock pot	[stɒk pɒt]
sartén (f)	frying pan	['fraɪɪŋ pæn]
cucharón (m)	ladle	['leɪdəl]
colador (m)	colander	['kʌləndə(r)]
bandeja (f)	tray	[treɪ]

botella (f)	bottle	['bɒtəl]
tarro (m) de vidrio	jar	[dʒɑ:(r)]
lata (f) de hojalata	can	[kæn]

abrebotellas (m)	bottle opener	['bɒtəl 'əupənə(r)]
abrelatas (m)	can opener	[kæn 'əupənə(r)]
sacacorchos (m)	corkscrew	['kɔ:kskru:]
filtro (m)	filter	['fɪltə(r)]
filtrar (vt)	to filter (vt)	[tə 'fɪltə(r)]

basura (f)	trash	[træʃ]
cubo (m) de basura	trash can	['træʃkæn]

67. El baño

cuarto (m) de baño	bathroom	['bɑ:θrʊm]
agua (f)	water	['wɔ:tə(r)]
grifo (m)	faucet	['fɔ:sɪt]
agua (f) caliente	hot water	[hɒt 'wɔ:tə(r)]
agua (f) fría	cold water	[ˌkəʊld 'wɔ:tə(r)]

pasta (f) de dientes	toothpaste	['tu:θpeɪst]
limpiarse los dientes	to brush one's teeth	[tə brʌʃ wʌns 'ti:θ]

afeitarse (vr)	to shave (vi)	[tə ʃeɪv]
espuma (f) de afeitar	shaving foam	['ʃeɪvɪŋ fəʊm]
maquinilla (f) de afeitar	razor	['reɪzə(r)]

lavar (vt)	to wash (vt)	[tə wɒʃ]
darse un baño	to take a bath	[tə teɪk ə bɑ:θ]
ducha (f)	shower	['ʃaʊə(r)]
darse una ducha	to take a shower	[tə teɪk ə 'ʃaʊə(r)]

baño (m)	bathtub	['bɑ:θtʌb]
inodoro (m)	toilet	['tɔɪlɪt]
lavabo (m)	sink, washbasin	[sɪŋk], ['wɒʃˌbeɪsən]

jabón (m)	soap	[səʊp]
jabonera (f)	soap dish	['səʊpdɪʃ]

esponja (f)	sponge	[spʌndʒ]
champú (m)	shampoo	[ʃæm'pu:]
toalla (f)	towel	['taʊəl]
bata (f) de baño	bathrobe	['bɑ:θrəʊb]

colada (f), lavado (m)	laundry	['lɔ:ndrɪ]
lavadora (f)	washing machine	['wɒʃɪŋ mə'ʃi:n]

| lavar la ropa | to do the laundry | [tə du: ðə 'lɔ:ndrɪ] |
| detergente (m) en polvo | laundry detergent | ['lɔ:ndrɪ dɪ'tɜ:dʒənt] |

68. Los aparatos domésticos

televisor (m)	TV set	[ˌti:'vi: set]
magnetófono (m)	tape recorder	[teɪp rɪ'kɔ:də(r)]
vídeo (m)	video, VCR	['vɪdɪəʊ], [ˌvi:si:'ɑ:(r)]
radio (f)	radio	['reɪdɪəʊ]
reproductor (m) (~ MP3)	player	['pleɪə(r)]

proyector (m) de vídeo	video projector	['vɪdɪəʊ prə'dʒektə(r)]
sistema (m) home cinema	home movie theater	[həʊm 'mu:vɪ 'θɪətə(r)]
reproductor (m) de DVD	DVD player	[ˌdi:vi:'di: 'pleɪə(r)]
amplificador (m)	amplifier	['æmplɪfaɪə]
videoconsola (f)	video game console	['vɪdɪəʊ geɪm 'kɒnsəʊl]

cámara (f) de vídeo	video camera	['vɪdɪəʊ 'kæmərə]
cámara (f) fotográfica	camera	['kæmərə]
cámara (f) digital	digital camera	['dɪdʒɪtəl 'kæmərə]

aspirador (m)	vacuum cleaner	['vækjʊəm 'kli:nə(r)]
plancha (f)	iron	['aɪrən]
tabla (f) de planchar	ironing board	['aɪrənɪŋ bɔ:d]

teléfono (m)	telephone	['telɪfəʊn]
teléfono (m) móvil	cell phone	['selfəʊn]
máquina (f) de escribir	typewriter	['taɪpˌraɪtə(r)]
máquina (f) de coser	sewing machine	['səʊɪŋ mə'ʃi:n]

micrófono (m)	microphone	['maɪkrəfəʊn]
auriculares (m pl)	headphones	['hedfəʊnz]
mando (m) a distancia	remote control	[rɪ'məʊt kən'trəʊl]

CD (m)	CD, compact disc	[ˌsi:'di:], [kəm'pækt dɪsk]
casete (m)	cassette, tape	[kæ'set], [teɪp]
disco (m) de vinilo	vinyl record	['vaɪnɪl 'rekɔ:d]

63

LAS ACTIVIDADES DE LA GENTE

El trabajo. Los negocios. Unidad 1

69. La oficina. El trabajo de oficina

oficina (f)	office	['ɒfɪs]
despacho (m)	office	['ɒfɪs]
secretario (m)	secretary	['sekrətərɪ]
secretaria (f)	secretary	['sekrətərɪ]
director (m)	director	[dɪ'rektə(r)]
manager (m)	manager	['mænɪdʒə(r)]
contable (m)	accountant	[ə'kaʊntənt]
colaborador (m)	employee	[ɪm'plɔɪiː]
muebles (m pl)	furniture	['fɜːnɪtʃə(r)]
escritorio (m)	desk	[desk]
silla (f)	desk chair	[desk ʃeə(r)]
cajonera (f)	drawer unit	[drɔːr 'juːnɪt]
perchero (m) de pie	coat stand	['kəʊt stænd]
ordenador (m)	computer	[kəm'pjuːtə(r)]
impresora (f)	printer	['prɪntə(r)]
fax (m)	fax machine	[fæks mə'ʃiːn]
fotocopiadora (f)	photocopier	['fəʊtəʊˌkɒpɪə]
papel (m)	paper	['peɪpə(r)]
papelería (f)	office supplies	['ɒfɪs sə'plaɪs]
alfombrilla (f) para ratón	mouse pad	[maʊs pæd]
hoja (f) de papel	sheet of paper	[ʃiːt əv 'peɪpə]
catálogo (m)	catalog	['kætəlɒg]
directorio (m) telefónico	phone directory	['fəʊn dɪ'rektərɪ]
documentación (f)	documentation	[ˌdɒkjʊmen'teɪʃən]
folleto (m)	brochure	[brəʊ'ʃʊr]
prospecto (m)	leaflet	['liːflɪt]
muestra (f)	sample	['sɑːmpəl]
reunión (f) de formación	training meeting	['treɪnɪŋ 'miːtɪŋ]
reunión (f)	meeting	['miːtɪŋ]
pausa (f) de almuerzo	lunch time	['lʌntʃ ˌtaɪm]
hacer una copia	to make a copy	[tə meɪk ə 'kɒpɪ]
hacer copias	to make multiple copies	[tə meɪk 'mʌltɪpəl 'kɒpɪs]
recibir un fax	to receive a fax	[tə rɪ'siːv ə 'fæks]
enviar un fax	to send a fax	[tə ˌsend ə 'fæks]
llamar por teléfono	to call (vi, vt)	[tə kɔːl]
responder (vi, vt)	to answer (vi, vt)	[tə 'ɑːnsə(r)]

poner en comunicación	to put through	[tə pʊt θru:]
fijar (~ una reunión)	to arrange (vt)	[tə ə'reɪndʒ]
demostrar (vt)	to demonstrate (vt)	[tə 'demənstreɪt]
estar ausente	to be absent	[tə bi 'æbsənt]
ausencia (f)	absence	['æbsəns]

70. Los métodos de los negocios. Unidad 1

negocio (m), comercio (m)	business	['bɪznɪs]
firma (f)	firm	[fɜ:m]
compañía (f)	company	['kʌmpənɪ]
corporación (f)	corporation	[ˌkɔ:pə'reɪʃən]
empresa (f)	enterprise	['entəpraɪz]
agencia (f)	agency	['eɪdʒənsɪ]

acuerdo (m)	agreement	[ə'gri:mənt]
contrato (m)	contract	['kɒntrækt]
trato (m), acuerdo (m)	deal	[di:l]
pedido (m)	order, command	['ɔ:də(r)], [kə'mɑ:nd]
condición (f) del contrato	terms	[tɜ:mz]

al por mayor (adv)	wholesale	['həʊlseɪl]
al por mayor (adj)	wholesale	['həʊlseɪl]
venta (f) al por mayor	wholesale	['həʊlseɪl]
al por menor (adj)	retail	['ri:teɪl]
venta (f) al por menor	retail	['ri:teɪl]

competidor (m)	competitor	[kəm'petɪtə(r)]
competencia (f)	competition	[ˌkɒmpɪ'tɪʃən]
competir (vi)	to compete (vi)	[tə kəm'pi:t]

| socio (m) | partner, associate | ['pɑ:tnə(r)], [ə'səʊʃɪət] |
| sociedad (f) | partnership | ['pɑ:tnəʃɪp] |

crisis (m)	crisis	['kraɪsɪs]
bancarrota (f)	bankruptcy	['bæŋkrʌptsɪ]
ir a la bancarrota	to go bankrupt	[tə gəʊ 'bæŋkrʌpt]
dificultad (f)	difficulty	['dɪfɪkəltɪ]
problema (m)	problem	['prɒbləm]
catástrofe (f)	catastrophe	[kə'tæstrəfɪ]

economía (f)	economy	[ɪ'kɒnəmɪ]
económico (adj)	economic	[ˌi:kə'nɒmɪk]
recesión (f) económica	economic recession	[ˌi:kə'nɒmɪk rɪ'seʃən]

| meta (f) | goal | [gəʊl] |
| objetivo (m) | task | [tɑ:sk] |

comerciar (vi)	to trade (vi)	[tə treɪd]
red (f) (~ comercial)	network	['netwɜ:k]
existencias (f pl)	inventory, stock	['ɪnvəntərɪ], [stɒk]
surtido (m)	range, assortment	[reɪndʒ], [ə'sɔ:tmənt]
líder (m)	leader	['li:də(r)]
grande (empresa ~)	big, large	[bɪg], [lɑ:dʒ]

monopolio (m)	monopoly	[məˈnɒpəlɪ]
teoría (f)	theory	[ˈθɪərɪ]
práctica (f)	practice	[ˈpræktɪs]
experiencia (f)	experience	[ɪkˈspɪərɪəns]
tendencia (f)	trend	[trend]
desarrollo (m)	development	[dɪˈveləpmənt]

71. Los métodos de los negocios. Unidad 2

| rentabilidad (f) | profit | [ˈprɒfɪt] |
| rentable (adj) | profitable | [ˈprɒfɪtəbəl] |

delegación (f)	delegation	[ˌdelɪˈgeɪʃən]
salario (m)	salary	[ˈsælərɪ]
corregir (un error)	to correct (vt)	[tə kəˈrekt]
viaje (m) de negocios	business trip	[ˈbɪznɪs trɪp]
comisión (f)	commission	[kəˈmɪʃən]

controlar (vt)	to control (vt)	[tə kənˈtrəʊl]
conferencia (f)	conference	[ˈkɒnfərəns]
licencia (f)	license	[ˈlaɪsəns]
fiable (socio ~)	reliable	[rɪˈlaɪəbəl]

iniciativa (f)	initiative	[ɪˈnɪʃətɪv]
norma (f)	norm	[nɔːm]
circunstancia (f)	circumstance	[ˈsɜːkəmstəns]
deber (m)	duty	[ˈdjuːtɪ]

empresa (f)	organization	[ˌɔːgənaɪˈzeɪʃən]
organización (f) (proceso)	organization	[ˌɔːgənaɪˈzeɪʃən]
organizado (adj)	organized	[ˈɔːgənaɪzd]
anulación (f)	cancellation	[ˌkænsəˈleɪʃən]
anular (vt)	to cancel (vt)	[tə ˈkænsəl]
informe (m)	report	[rɪˈpɔːt]

patente (m)	patent	[ˈpætənt]
patentar (vt)	to patent (vt)	[tə ˈpætənt]
planear (vt)	to plan (vt)	[tə plæn]

premio (m)	bonus	[ˈbəʊnəs]
profesional (adj)	professional	[prəˈfeʃənəl]
procedimiento (m)	procedure	[prəˈsiːdʒə(r)]

examinar (vt)	to examine (vt)	[tə ɪgˈzæmɪn]
cálculo (m)	calculation	[ˌkælkjʊˈleɪʃən]
reputación (f)	reputation	[ˌrepjʊˈteɪʃən]
riesgo (m)	risk	[rɪsk]

dirigir (administrar)	to manage (vt)	[tə ˈmænɪdʒ]
información (f)	information	[ˌɪnfəˈmeɪʃən]
propiedad (f)	property	[ˈprɒpətɪ]
unión (f)	union	[ˈjuːnɪən]
seguro (m) de vida	life insurance	[laɪf ɪnˈʃʊərəns]
asegurar (vt)	to insure (vt)	[tu ɪnˈʃʊəˈ(r)]

seguro (m)	insurance	[ɪnˈʃʊərəns]
subasta (f)	auction	[ˈɔːkʃən]
notificar (informar)	to notify (vt)	[tə ˈnəʊtɪfaɪ]
gestión (f)	management	[ˈmænɪʤmənt]
servicio (m)	service	[ˈsɜːvɪs]

foro (m)	forum	[ˈfɔːrəm]
funcionar (vi)	to function (vi)	[tə ˈfʌŋkʃən]
etapa (f)	stage	[steɪʤ]
jurídico (servicios ~s)	legal	[ˈliːgəl]
jurista (m)	lawyer	[ˈlɔːjə(r)]

72. La producción. Los trabajos

planta (f)	plant	[plɑːnt]
fábrica (f)	factory	[ˈfæktərɪ]
taller (m)	workshop	[ˈwɜːkʃɒp]
planta (f) de producción	production site	[prəˈdʌkʃən saɪt]

industria (f)	industry	[ˈɪndʌstrɪ]
industrial (adj)	industrial	[ɪnˈdʌstrɪəl]
industria (f) pesada	heavy industry	[ˈhevɪ ˈɪndʌstrɪ]
industria (f) ligera	light industry	[laɪt ˈɪndʌstrɪ]

producción (f)	products	[ˈprɒdʌkts]
producir (vt)	to produce (vt)	[tə prəˈdjuːs]
materias (f pl) primas	raw materials	[rɔː məˈtɪərɪəlz]

jefe (m) de brigada	foreman	[ˈfɔːmən]
brigada (f)	workers team	[ˈwɜːkəz tiːm]
obrero (m)	worker	[ˈwɜːkə(r)]

día (m) de trabajo	working day	[ˈwɜːkɪŋ deɪ]
descanso (m)	pause, break	[pɔːz], [breɪk]
reunión (f)	meeting	[ˈmiːtɪŋ]
discutir (vt)	to discuss (vt)	[tə dɪsˈkʌs]

plan (m)	plan	[plæn]
cumplir el plan	to fulfill the plan	[tə fʊlˈfɪl ðə plæn]
tasa (f) de producción	rate of output	[reɪt əv ˈaʊtpʊt]
calidad (f)	quality	[ˈkwɒlɪtɪ]
revisión (f)	checking	[ˈʧekɪŋ]
control (m) de calidad	quality control	[ˈkwɒlɪtɪ kənˈtrəʊl]

seguridad (f) de trabajo	workplace safety	[ˈwɜːkpleɪs ˈseɪftɪ]
disciplina (f)	discipline	[ˈdɪsɪplɪn]
infracción (f)	violation	[ˌvaɪəˈleɪʃən]
violar (las reglas)	to violate (vt)	[tə ˈvaɪəleɪt]

huelga (f)	strike	[straɪk]
huelguista (m)	striker	[ˈstraɪkə(r)]
estar en huelga	to be on strike	[tə bi ɒn straɪk]
sindicato (m)	labor union	[ˈleɪbə ˈjuːnɪən]
inventar (máquina, etc.)	to invent (vt)	[tə ɪnˈvent]

invención (f)	invention	[ɪn'venʃən]
investigación (f)	research	[rɪ'sɜːtʃ]
mejorar (vt)	to improve (vt)	[tu ɪm'pruːv]
tecnología (f)	technology	[tek'nɒlədʒɪ]
dibujo (m) técnico	technical drawing	['teknɪkəl 'drɔːɪŋ]

cargamento (m)	load, cargo	[ləʊd], ['kɑːɡəʊ]
cargador (m)	loader	['ləʊdə(r)]
cargar (camión, etc.)	to load (vt)	[tə ləʊd]
carga (f) (proceso)	loading	['ləʊdɪŋ]

| descargar (vt) | to unload (vi, vt) | [tə ˌʌn'ləʊd] |
| descarga (f) | unloading | [ˌʌn'ləʊdɪŋ] |

transporte (m)	transportation	[ˌtrænspɔː'teɪʃən]
compañía (f) de transporte	transportation company	[ˌtrænspɔː'teɪʃən 'kʌmpənɪ]
transportar (vt)	to transport (vt)	[tə træn'spɔːt]

vagón (m)	freight car	[freɪt kɑː(r)]
cisterna (f)	tank	[tæŋk]
camión (m)	truck	[trʌk]

| máquina (f) herramienta | machine tool | [mə'ʃiːn tuːl] |
| mecanismo (m) | mechanism | ['mekənɪzəm] |

desperdicios (m pl)	industrial waste	[ɪn'dʌstrɪəl weɪst]
empaquetado (m)	packing	['pækɪŋ]
embalar (vt)	to pack (vt)	[tə pæk]

73. El contrato. El acuerdo

contrato (m)	contract	['kɒntrækt]
acuerdo (m)	agreement	[ə'griːmənt]
anexo (m)	addendum	[ə'dendəm]

| firmar un contrato | to sign a contract | [tə saɪn ə 'kɒntrækt] |
| firma (f) (nombre) | signature | ['sɪɡnətʃə(r)] |

| firmar (vt) | to sign (vt) | [tə saɪn] |
| sello (m) | stamp, seal | [stæmp], [siːl] |

| objeto (m) del acuerdo | subject of contract | ['sʌbdʒɪkt əv 'kɒntrækt] |
| cláusula (f) | clause | [klɔːz] |

| partes (f pl) | parties | ['pɑːtɪz] |
| domicilio (m) legal | legal address | ['liːɡəl ə'dres] |

| violar el contrato | to violate the contract | [tə 'vaɪəleɪt ðə 'kɒntrækt] |
| obligación (f) | commitment | [kə'mɪtmənt] |

responsabilidad (f)	responsibility	[rɪˌspɒnsə'bɪlɪtɪ]
fuerza mayor (f)	force majeure	[fɔːs mæ'ʒɜː]
disputa (f)	dispute	[dɪ'spjuːt]
penalidades (f pl)	penalties	['penəltɪz]

74. Importación y Exportación

importación (f)	import	['ɪmpɔːt]
importador (m)	importer	[ɪm'pɔːtə(r)]
importar (vt)	to import (vt)	[tə ɪm'pɔːt]
de importación (adj)	import	['ɪmpɔːt]
exportación (f)	export	['ekspɔːt]
exportador (m)	exporter	[ek'spɔːtə(r)]
exportar (vt)	to export (vi, vt)	[tə ɪk'spɔːt]
de exportación (adj)	export	['ekspɔːt]
mercancía (f)	goods	[ɡʊdz]
lote (m) de mercancías	consignment, lot	[ˌkən'saɪnmənt], [lɒt]
peso (m)	weight	[weɪt]
volumen (m)	volume	['vɒljuːm]
metro (m) cúbico	cubic meter	['kjuːbɪk 'miːtə(r)]
productor (m)	manufacturer	[ˌmænjʊ'fæktʃərə(r)]
compañía (f) de transporte	transportation company	[ˌtrænspɔː'teɪʃən 'kʌmpənɪ]
contenedor (m)	container	[kən'teɪnə(r)]
frontera (f)	border	['bɔːdə(r)]
aduana (f)	customs	['kʌstəmz]
derechos (m pl) arancelarios	customs duty	['kʌstəmz 'djuːtɪ]
aduanero (m)	customs officer	['kʌstəmz 'ɒfɪsə(r)]
contrabandismo (m)	smuggling	['smʌɡlɪŋ]
contrabando (m)	contraband	['kɒntrəbænd]

75. Las finanzas

acción (f)	stock, share	[stɒk], [ʃeə(r)]
bono (m), obligación (f)	bond	[bɒnd]
letra (f) de cambio	promissory note	['prɒmɪsərɪ nəʊt]
bolsa (f)	stock exchange	[stɒk ɪks'tʃeɪndʒ]
cotización (f) de valores	stock price	[stɒk praɪs]
abaratarse (vr)	to go down	[tə ɡəʊ daʊn]
encarecerse (vr)	to go up	[tə ɡəʊ ʌp]
parte (f)	share	[ʃeə(r)]
interés (m) mayoritario	controlling interest	[kən'trəʊlɪŋ 'ɪntrəst]
inversiones (f pl)	investment	[ɪn'vestmənt]
invertir (vi, vt)	to invest (vi, vt)	[tu ɪn'vest]
porcentaje (m)	percent	[pə'sent]
interés (m)	interest	['ɪntrəst]
beneficio (m)	profit	['prɒfɪt]
beneficioso (adj)	profitable	['prɒfɪtəbəl]
impuesto (m)	tax	[tæks]

divisa (f)	currency	['kʌrənsɪ]
nacional (adj)	national	['næʃənəl]
cambio (m)	exchange	[ɪks'ʧeɪndʒ]

| contable (m) | accountant | [ə'kaʊntənt] |
| contaduría (f) | accounting | [ə'kaʊnts dɪ'pɑːtmənt] |

bancarrota (f)	bankruptcy	['bæŋkrʌptsɪ]
arruinarse (vr)	to be ruined	[tə biː 'ruːɪnd]
inflación (f)	inflation	[ɪn'fleɪʃən]
devaluación (f)	devaluation	['diːˌvæljʊ'eɪʃən]

capital (m)	capital	['kæpɪtəl]
ingresos (m pl)	income	['ɪŋkʌm]
volumen (m) de negocio	turnover	['tɜːnˌəʊvə(r)]
recursos (m pl)	resources	[rɪ'sɔːsɪz]
recursos (m pl) monetarios	monetary resources	['mʌnɪtərɪ rɪ'sɔːsɪz]

| gastos (m pl) accesorios | overhead | ['əʊvəhed] |
| reducir (vt) | to reduce (vt) | [tə rɪ'djuːs] |

76. La mercadotecnia

mercadotecnia (f)	marketing	['mɑːkɪtɪŋ]
mercado (m)	market	['mɑːkɪt]
segmento (m) del mercado	market segment	['mɑːkɪt 'segmənt]
producto (m)	product	['prɒdʌkt]
mercancía (f)	goods	[gʊdz]

marca (f)	brand	[brænd]
marca (f) comercial	trade mark	[treɪd mɑːk]
logo (m)	logo	['ləʊgəʊ]

demanda (f)	demand	[dɪ'mɑːnd]
oferta (f)	supply	[sə'plaɪ]
necesidad (f)	need	[niːd]
consumidor (m)	consumer	[kən'sjuːmə(r)]

análisis (m)	analysis	[ə'næləsɪs]
analizar (vt)	to analyze (vt)	[tu 'ænəlaɪz]
posicionamiento (m)	positioning	[pə'zɪʃənɪŋ]
posicionar (vt)	to position (vt)	[tə pə'zɪʃən]

precio (m)	price	[praɪs]
política (f) de precios	pricing policy	['praɪsɪŋ 'pɒləsɪ]
formación (m) de precios	price formation	[praɪs fɔː'meɪʃən]

77. La publicidad

publicidad (f)	advertising	['ædvətaɪzɪŋ]
publicitar (vt)	to advertise (vt)	[tə 'ædvətaɪz]
presupuesto (m)	budget	['bʌdʒɪt]

anuncio (m) publicitario	advertisement	[ˌædvə'taɪzmənt]
publicidad (f) televisiva	TV advertising	[ˌtiː'viː 'ædvətaɪzɪŋ]
publicidad (f) radiofónica	radio advertising	['reɪdɪəʊ 'ædvətaɪzɪŋ]
publicidad (f) exterior	outdoor advertising	['aʊtdɔː(r) 'ædvətaɪzɪŋ]

medios (m pl) de comunicación de masas	mass media	[mæs 'miːdɪə]
periódico (m)	periodical	[ˌpɪərɪ'ɒdɪkəl]
imagen (f)	image	['ɪmɪdʒ]

| consigna (f) | slogan | ['sləʊgən] |
| divisa (f) | motto | ['mɒtəʊ] |

campaña (f)	campaign	[kæm'peɪn]
campaña (f) publicitaria	advertising campaign	['ædvətaɪzɪŋ kæm'peɪn]
auditorio (m) objetivo	target group	['tɑːgɪt gruːp]

tarjeta (f) de visita	business card	['bɪznɪs kɑːd]
prospecto (m)	leaflet	['liːflɪt]
folleto (m)	brochure	[brəʊ'ʃʊr]
panfleto (m)	pamphlet	['pæmflɪt]
boletín (m)	newsletter	['njuːzˌletə(r)]

letrero (m) (~ luminoso)	signboard	['saɪnbɔːd]
pancarta (f)	poster	['pəʊstə(r)]
valla (f) publicitaria	billboard	['bɪlbɔːd]

78. La banca

| banco (m) | bank | [bæŋk] |
| sucursal (f) | branch | [brɑːntʃ] |

| asesor (m) (~ fiscal) | clerk, consultant | [klɜːk], [kən'sʌltənt] |
| gerente (m) | manager | ['mænɪdʒə(r)] |

cuenta (f)	bank account	[bæŋk ə'kaʊnt]
numero (m) de la cuenta	account number	[ə'kaʊnt 'nʌmbə(r)]
cuenta (f) corriente	checking account	['tʃekɪŋ ə'kaʊnt]
cuenta (f) de ahorros	savings account	['seɪvɪŋz ə'kaʊnt]

| abrir una cuenta | to open an account | [tu 'əʊpən ən ə'kaʊnt] |
| cerrar la cuenta | to close the account | [tə kləʊz ðɪ ə'kaʊnt] |

depósito (m)	deposit	[dɪ'pɒzɪt]
hacer un depósito	to make a deposit	[tə meɪk ə dɪ'pɒzɪt]
giro (m) bancario	wire transfer	['waɪə 'trænsfɜː(r)]
hacer un giro	to wire, to transfer	[tə 'waɪə], [tə træns'fɜː]

| suma (f) | sum | [sʌm] |
| ¿Cuánto? | How much? | [ˌhaʊ 'mʌtʃ] |

firma (f) (nombre)	signature	['sɪgnətʃə(r)]
firmar (vt)	to sign (vt)	[tə saɪn]
tarjeta (f) de crédito	credit card	['kredɪt kɑːd]

código (m)	code	[kəʊd]
número (m) de tarjeta de crédito	credit card number	['kredɪt kɑːd 'nʌmbə(r)]
cajero (m) automático	ATM	[ˌeɪti:'em]

cheque (m)	check	[ʧek]
sacar un cheque	to write a check	[tə ˌraɪt ə 'ʧek]
talonario (m)	checkbook	['ʧekˌbʊk]

crédito (m)	loan	[ləʊn]
pedir el crédito	to apply for a loan	[tə ə'plaɪ fɔːrə ləʊn]
obtener un crédito	to get a loan	[tə get ə ləʊn]
conceder un crédito	to give a loan	[tə gɪv ə ləʊn]
garantía (f)	guarantee	[ˌgærən'ti:]

79. El teléfono. Las conversaciones telefónicas

teléfono (m)	telephone	['telɪfəʊn]
teléfono (m) móvil	cell phone	['selfəʊn]
contestador (m)	answering machine	['ɑːnsərɪŋ mə'ʃi:n]

| llamar, telefonear | to call (vi, vt) | [tə kɔːl] |
| llamada (f) | phone call | [fəʊn kɔːl] |

marcar un número	to dial a number	[tə 'daɪəl ə 'nʌmbə(r)]
¿Sí?, ¿Dígame?	Hello!	[hə'ləʊ]
preguntar (vt)	to ask (vt)	[tə ɑːsk]
responder (vi, vt)	to answer (vi, vt)	[tə 'ɑːnsə(r)]

oír (vt)	to hear (vt)	[tə hɪə(r)]
bien (adv)	well	[wel]
mal (adv)	not well	[nɒt wel]
ruidos (m pl)	noises	[nɔɪzɪz]
auricular (m)	receiver	[rɪ'si:və(r)]
descolgar (el teléfono)	to pick up the phone	[tə pɪk ʌp ðə fəʊn]
colgar el auricular	to hang up	[tə hæŋg ʌp]

ocupado (adj)	busy	['bɪzɪ]
sonar (teléfono)	to ring (vi)	[tə rɪŋ]
guía (f) de teléfonos	telephone book	['telɪfəʊn bʊk]

local (adj)	local	['ləʊkəl]
llamada (f) local	local call	['ləʊkəl kɔːl]
de larga distancia	long distance	[lɒŋ 'dɪstəns]
llamada (f) de larga distancia	long distance call	[lɒŋ 'dɪstəns kɔːl]
internacional (adj)	international	[ˌɪntə'næʃənəl]
llamada (f) internacional	international call	[ˌɪntə'næʃənəl kɔːl]

80. El teléfono celular

| teléfono (m) móvil | cell phone | ['selfəʊn] |
| pantalla (f) | display | [dɪ'spleɪ] |

| botón (m) | button | ['bʌtən] |
| tarjeta SIM (f) | SIM card | [sɪm kɑ:d] |

pila (f)	battery	['bætərɪ]
descargarse (vr)	to be dead	[tə bi ded]
cargador (m)	charger	['tʃɑ:dʒə(r)]

menú (m)	menu	['menju:]
preferencias (f pl)	settings	['setɪŋz]
melodía (f)	tune	[tju:n]
seleccionar (vt)	to select (vt)	[tə sɪ'lekt]

calculadora (f)	calculator	['kælkjʊleɪtə(r)]
contestador (m)	voice mail	[vɔɪs meɪl]
despertador (m)	alarm clock	[ə'lɑ:m klɒk]
contactos (m pl)	contacts	['kɒntækts]

| mensaje (m) de texto | SMS | [‚esem'es] |
| abonado (m) | subscriber | [səb'skraɪbə(r)] |

81. Los artículos de escritorio

| bolígrafo (m) | ballpoint pen | ['bɔ:lpɔɪnt pen] |
| pluma (f) estilográfica | fountain pen | ['faʊntɪn pen] |

lápiz (f)	pencil	['pensəl]
marcador (m)	highlighter	['haɪlaɪtə(r)]
rotulador (m)	felt-tip pen	[felt tɪp pen]

| bloc (m) de notas | notepad | ['nəʊtpæd] |
| agenda (f) | agenda | [ə'dʒendə] |

regla (f)	ruler	['ru:lə(r)]
calculadora (f)	calculator	['kælkjʊleɪtə(r)]
goma (f) de borrar	eraser	[ɪ'reɪsə(r)]
chincheta (f)	thumbtack	['θʌmtæk]
clip (m)	paper clip	['peɪpə klɪp]

pegamento (m)	glue	[glu:]
grapadora (f)	stapler	['steɪplə(r)]
perforador (m)	hole punch	[həʊl pʌntʃ]
sacapuntas (m)	pencil sharpener	['pensəl 'ʃɑ:pənə(r)]

82. Tipos de negocios

contabilidad (f)	accounting services	[ə'kaʊntɪŋ 'sɜ:vɪsɪz]
publicidad (f)	advertising	['ædvətaɪzɪŋ]
agencia (f) de publicidad	advertising agency	['ædvətaɪzɪŋ 'eɪdʒənsɪ]
climatizadores (m pl)	air-conditioners	[eə kən'dɪʃənəz]
compañía (f) aérea	airline	['eəlaɪn]
bebidas (f pl) alcohólicas	alcoholic beverages	[‚ælkə'hɒlɪk 'bevərɪdʒɪz]
antigüedad (f)	antiquities	[æn'tɪkwətɪz]

| galería (f) de arte | art gallery | [ɑːt ˈɡælərɪ] |
| servicios (m pl) de auditoría | audit services | [ˈɔːdɪt ˈsɜːvɪsɪz] |

negocio (m) bancario	banking industry	[ˈbæŋkɪŋ ˈɪndʌstrɪ]
bar (m)	pub, bar	[pʌb], [bɑː(r)]
salón (m) de belleza	beauty parlor	[ˈbjuːtɪ ˈpɑːlə(r)]
librería (f)	bookstore	[ˈbʊkstɔː(r)]
fábrica (f) de cerveza	brewery	[ˈbrʊərɪ]
centro (m) de negocios	business center	[ˈbɪznɪs ˈsentə(r)]
escuela (f) de negocios	business school	[ˈbɪznɪs skuːl]

casino (m)	casino	[kəˈsiːnəʊ]
construcción (f)	construction	[kənˈstrʌkʃən]
consultoría (f)	consulting	[kənˈsʌltɪŋ]

estomatología (f)	dental clinic	[ˈdentəl ˈklɪnɪk]
diseño (m)	design	[dɪˈzaɪn]
farmacia (f)	drugstore, pharmacy	[ˈdrʌgstɔː(r)], [ˈfɑːməsɪ]
tintorería (f)	dry cleaners	[ˌdraɪ ˈkliːnəz]
agencia (f) de empleo	employment agency	[ɪmˈplɔɪmənt ˈeɪʤənsɪ]

servicios (m pl) financieros	financial services	[faɪˈnænʃəl ˈsɜːvɪsɪz]
productos alimenticios	food products	[fuːd ˈprɒdʌkts]
funeraria (f)	funeral home	[ˈfjuːnərəl həʊm]
muebles (m pl)	furniture	[ˈfɜːnɪʧə(r)]
ropa (f), vestido (m)	clothing, garment	[ˈkləʊðɪŋ], [ˈgɑːmənt]
hotel (m)	hotel	[həʊˈtel]

helado (m)	ice-cream	[aɪs kriːm]
industria (f)	industry	[ˈɪndʌstrɪ]
seguro (m)	insurance	[ɪnˈʃʊəːrəns]
internet (m), red (f)	Internet	[ˈɪntənet]
inversiones (f pl)	investments	[ɪnˈvestmənts]

joyero (m)	jeweler	[ˈʤuːələ(r)]
joyería (f)	jewelry	[ˈʤuːəlrɪ]
lavandería (f)	laundry	[ˈlɔːndrɪ]
asesoría (f) jurídica	legal advisor	[ˈliːgəl ədˈvaɪzə(r)]
industria (f) ligera	light industry	[laɪt ˈɪndʌstrɪ]

revista (f)	magazine	[ˌmægəˈziːn]
venta (f) por catálogo	mail-order selling	[meɪl ˈɔːdə ˈselɪŋ]
medicina (f)	medicine	[ˈmedsɪn]
cine (m) (iremos al ~)	movie theater	[ˈmuːvɪ ˈθɪətə(r)]
museo (m)	museum	[mjuːˈziːəm]

agencia (f) de información	news agency	[njuːz ˈeɪʤənsɪ]
periódico (m)	newspaper	[ˈnjuːzˌpeɪpə(r)]
club (m) nocturno	nightclub	[naɪt klʌb]

petróleo (m)	oil, petroleum	[ɔɪl], [pɪˈtrəʊlɪəm]
servicio (m) de entrega	courier services	[ˈkʊrɪə(r) ˈsɜːvɪsɪz]
industria (f) farmacéutica	pharmaceutics	[ˌfɑːməˈsjuːtɪks]
poligrafía (f)	printing	[ˈprɪntɪŋ]
editorial (f)	publishing house	[ˈpʌblɪʃɪŋ ˌhaʊs]
radio (f)	radio	[ˈreɪdɪəʊ]

| inmueble (m) | real estate | [rɪəl ɪ'steɪt] |
| restaurante (m) | restaurant | ['restrɒnt] |

agencia (f) de seguridad	security company	[sɪ'kjʊərətɪ 'kʌmpənɪ]
deporte (m)	sports	[spɔ:ts]
bolsa (f) de comercio	stock exchange	[stɒk ɪks'ʧeɪndʒ]
tienda (f)	store	[stɔ:(r)]
supermercado (m)	supermarket	['su:pə,mɑ:kɪt]
piscina (f)	swimming pool	['swɪmɪŋ pu:l]

taller (m)	tailors	['teɪləz]
televisión (f)	television	['telɪ,vɪʒən]
teatro (m)	theater	['θɪətə(r)]
comercio (m)	trade	[treɪd]
servicios de transporte	transportation	[,trænspɔ:'teɪʃən]
turismo (m)	travel	['trævəl]

veterinario (m)	veterinarian	[,vetərɪ'neərɪən]
almacén (m)	warehouse	['weəhaʊs]
recojo (m) de basura	waste collection	[weɪst kə'lekʃən]

El trabajo. Los negocios. Unidad 2

83. El espectáculo. La exhibición

exposición, feria (f)	exhibition, show	[ˌeksɪˈbɪʃən], [ʃəʊ]
feria (f) comercial	trade show	[treɪd ʃəʊ]
participación (f)	participation	[pɑːˌtɪsɪˈpeɪʃən]
participar (vi)	to participate (vi)	[tə pɑːˈtɪsɪpeɪt]
participante (m)	participant	[pɑːˈtɪsɪpənt]
director (m)	director	[dɪˈrektə(r)]
organizador (m)	organizer	[ˈɔːɡənaɪzə(r)]
organizar (vt)	to organize (vt)	[tə ˈɔːɡənaɪz]
solicitud (f) de participación	participation form	[pɑːˌtɪsɪˈpeɪʃən fɔːm]
rellenar (vt)	to fill out (vt)	[tə fɪl ˈaʊt]
detalles (m pl)	details	[dɪˈteɪlz]
información (f)	information	[ˌɪnfəˈmeɪʃən]
precio (m)	price	[praɪs]
incluso	including	[ɪnˈkluːdɪŋ]
incluir (vt)	to include (vt)	[tu ɪnˈkluːd]
pagar (vi, vt)	to pay (vi, vt)	[tə peɪ]
cuota (f) de registro	registration fee	[ˌredʒɪˈstreɪʃən fiː]
entrada (f)	entrance	[ˈentrəns]
pabellón (m)	pavilion, hall	[pəˈvɪljən], [hɔːl]
registrar (vt)	to register (vt)	[tə ˈredʒɪstə(r)]
tarjeta (f) de identificación	badge	[bædʒ]
stand (m)	booth, stand	[buːð], [stænd]
reservar (vt)	to reserve, to book	[tə rɪˈzɜːv], [tə bʊk]
vitrina (f)	display case	[dɪˈspleɪ keɪs]
lámpara (f)	spotlight	[ˈspɒtlaɪt]
diseño (m)	design	[dɪˈzaɪn]
poner (colocar)	to place (vt)	[tə pleɪs]
situarse (vr)	to be placed	[tə bi pleɪst]
distribuidor (m)	distributor	[dɪˈstrɪbjʊtə(r)]
proveedor (m)	supplier	[səˈplaɪə(r)]
suministrar (vt)	to supply (vt)	[tə səˈplaɪ]
país (m)	country	[ˈkʌntrɪ]
extranjero (adj)	foreign	[ˈfɒrən]
producto (m)	product	[ˈprɒdʌkt]
asociación (f)	association	[əˌsəʊsɪˈeɪʃən]
sala (f) de conferencias	conference hall	[ˈkɒnfərəns hɔːl]
congreso (m)	congress	[ˈkɒŋgres]

concurso (m)	contest	['kɒntest]
visitante (m)	visitor	['vɪzɪtə(r)]
visitar (vt)	to visit (vt)	[tə 'vɪzɪt]
cliente (m)	customer	['kʌstəmə(r)]

84. La ciencia. La investigación. Los científicos

ciencia (f)	science	['saɪəns]
científico (adj)	scientific	[ˌsaɪən'tɪfɪk]
científico (m)	scientist	['saɪəntɪst]
teoría (f)	theory	['θɪərɪ]

axioma (m)	axiom	['æksɪəm]
análisis (m)	analysis	[ə'næləsɪs]
analizar (vt)	to analyze (vt)	[tu 'ænəlaɪz]
argumento (m)	argument	['ɑːgjʊmənt]
sustancia (f) (materia)	substance	['sʌbstəns]

hipótesis (f)	hypothesis	[haɪ'pɒθɪsɪs]
dilema (m)	dilemma	[dɪ'lemə]
tesis (f) de grado	dissertation	[ˌdɪsə'teɪʃən]
dogma (m)	dogma	['dɒgmə]

doctrina (f)	doctrine	['dɒktrɪn]
investigación (f)	research	[rɪ'sɜːtʃ]
investigar (vt)	to research (vt)	[tə rɪ'sɜːtʃ]
prueba (f)	tests	[tests]
laboratorio (m)	laboratory	['læbrəˌtɔːrɪ]

método (m)	method	['meθəd]
molécula (f)	molecule	['mɒlɪkjuːl]
seguimiento (m)	monitoring	['mɒnɪtərɪŋ]
descubrimiento (m)	discovery	[dɪ'skʌvərɪ]

postulado (m)	postulate	['pɒstjʊlət]
principio (m)	principle	['prɪnsɪpəl]
pronóstico (m)	forecast	['fɔːkɑːst]
pronosticar (vt)	to forecast (vt)	[tə 'fɔːkɑːst]

síntesis (f)	synthesis	['sɪnθəsɪs]
tendencia (f)	trend	[trend]
teorema (m)	theorem	['θɪərəm]

enseñanzas (f pl)	teachings	['tiːtʃɪŋz]
hecho (m)	fact	[fækt]
expedición (f)	expedition	[ˌekspɪ'dɪʃən]
experimento (m)	experiment	[ɪk'sperɪmənt]

académico (m)	academician	[əˌkædə'mɪʃən]
bachiller (m)	bachelor	['bætʃələ(r)]
doctorado (m)	doctor, PhD	['dɒktə(r)], [ˌpiːeɪtʃ'diː]
docente (m)	associate professor	[ə'səʊʃɪət prə'fesə(r)]
Master (m) (~ en Letras)	master	['mɑːstə(r)]
profesor (m)	professor	[prə'fesə(r)]

Las profesiones y los oficios

85. La búsqueda de trabajo. El despido del trabajo

trabajo (m)	job	[dʒɒb]
empleados (pl)	staff	[stɑːf]
personal (m)	personnel	[ˌpɜːsəˈnel]
carrera (f)	career	[kəˈrɪə(r)]
perspectiva (f)	prospects	[ˈprɒspekts]
maestría (f)	skills, mastery	[skɪls], [ˈmɑːstərɪ]
selección (f)	selection	[sɪˈlekʃən]
agencia (f) de empleo	employment agency	[ɪmˈplɔɪmənt ˈeɪdʒənsɪ]
curriculum vitae (m)	résumé	[ˈrezjuːmeɪ]
entrevista (f)	job interview	[ˈdʒɒb ˌɪntəvjuː]
vacancia (f)	vacancy, opening	[ˈveɪkənsɪ], [ˈəʊpənɪŋ]
salario (m)	salary, pay	[ˈsælərɪ], [peɪ]
remuneración (f)	pay, compensation	[peɪ], [ˌkɒmpenˈseɪʃən]
puesto (m) (trabajo)	position	[pəˈzɪʃən]
deber (m)	duty	[ˈdjuːtɪ]
gama (f) de deberes	range of duties	[reɪndʒ əv ˈdjuːtɪz]
ocupado (adj)	busy	[ˈbɪzɪ]
despedir (vt)	to fire, to dismiss	[tə ˈfaɪə], [tə dɪsˈmɪs]
despido (m)	dismissal	[dɪsˈmɪsəl]
desempleo (m)	unemployment	[ˌʌnɪmˈplɔɪmənt]
desempleado (m)	unemployed	[ˌʌnɪmˈplɔɪd]
jubilación (f)	retirement	[rɪˈtaɪəmənt]
jubilarse	to retire (vi)	[tə rɪˈtaɪə(r)]

86. Los negociantes

director (m)	director	[dɪˈrektə(r)]
gerente (m)	manager	[ˈmænɪdʒə(r)]
jefe (m)	boss	[bɒs]
superior (m)	superior	[suːˈpɪərɪə]
superiores (m pl)	superiors	[suːˈpɪərɪərz]
presidente (m)	president	[ˈprezɪdənt]
presidente (m) (de compañía)	chairman	[ˈtʃeəmən]
adjunto (m)	deputy	[ˈdepjʊtɪ]
asistente (m)	assistant	[əˈsɪstənt]
secretario, -a (m, f)	secretary	[ˈsekrətərɪ]

secretario (m) particular	personal assistant	['pɜ:sənəl ə'sistənt]
hombre (m) de negocios	businessman	['bɪznɪsmæn]
emprendedor (m)	entrepreneur	[ˌɒntrəprə'nɜ:(r)]
fundador (m)	founder	['faʊndə(r)]
fundar (vt)	to found (vt)	[tə faʊnd]
institutor (m)	incorporator	[ɪn'kɔ:pəreɪtə]
compañero (m)	partner	['pɑ:tnə(r)]
accionista (m)	stockholder	['stɒkˌhəʊldə(r)]
millonario (m)	millionaire	[ˌmɪljə'neə(r)]
multimillonario (m)	billionaire	[ˌbɪljə'neə(r)]
propietario (m)	owner	['əʊnə(r)]
terrateniente (m)	landowner	['lændˌəʊnə(r)]
cliente (m)	client	['klaɪənt]
cliente (m) habitual	regular client	['regjʊlə 'klaɪənt]
comprador (m)	buyer	['baɪə(r)]
visitante (m)	visitor	['vɪzɪtə(r)]
profesional (m)	professional	[prə'feʃənəl]
experto (m)	expert	['ekspɜ:t]
especialista (m)	specialist	['speʃəlɪst]
banquero (m)	banker	['bæŋkə(r)]
broker (m)	broker	['brəʊkə(r)]
cajero (m)	cashier, teller	[kæ'ʃɪə], ['telə]
contable (m)	accountant	[ə'kaʊntənt]
guardia (m) de seguridad	security guard	[sɪ'kjʊərətɪ gɑ:d]
inversionista (m)	investor	[ɪn'vestə(r)]
deudor (m)	debtor	['detə(r)]
acreedor (m)	creditor	['kredɪtə(r)]
prestatario (m)	borrower	['bɒrəʊə(r)]
importador (m)	importer	[ɪm'pɔ:tə(r)]
exportador (m)	exporter	[ek'spɔ:tə(r)]
productor (m)	manufacturer	[ˌmænjʊ'fæktʃərə(r)]
distribuidor (m)	distributor	[dɪ'strɪbjʊtə(r)]
intermediario (m)	middleman	['mɪdəlmæn]
asesor (m) (~ fiscal)	consultant	[kən'sʌltənt]
representante (m)	sales representative	['seɪlz ˌreprɪ'zentətɪv]
agente (m)	agent	['eɪdʒənt]
agente (m) de seguros	insurance agent	[ɪn'ʃʊə:rəns 'eɪdʒənt]

87. Los trabajos de servicio

cocinero (m)	cook	[kʊk]
jefe (m) de cocina	chef	[ʃef]
barman (m)	bartender	['bɑ:rˌtendə(r)]
camarero (m)	waiter	['weɪtə(r)]

camarera (f)	waitress	['weɪtrɪs]
abogado (m)	lawyer, attorney	['lɔːjə(r)], [ə'tɜːnɪ]
jurista (m)	lawyer	['lɔːjə(r)]
notario (m)	notary	['nəʊtərɪ]

electricista (m)	electrician	[ˌɪlek'trɪʃən]
fontanero (m)	plumber	['plʌmə(r)]
carpintero (m)	carpenter	['kɑːpəntə(r)]

masajista (m)	masseur	[mæ'sʊər]
masajista (f)	masseuse	[mæ'suːz]
médico (m)	doctor	['dɒktə(r)]

taxista (m)	taxi driver	['tæksɪ 'draɪvə(r)]
chófer (m)	driver	['draɪvə(r)]
repartidor (m)	delivery man	[dɪ'lɪvərɪ mæn]

camarera (f)	chambermaid	['ʧeɪmbəˌmeɪd]
guardia (m) de seguridad	security guard	[sɪ'kjʊərətɪ gɑːd]
azafata (f)	flight attendant	[ˌflaɪt ə'tendənt]

profesor (m) (~ de baile, etc.)	teacher	['tiːʧə(r)]
bibliotecario (m)	librarian	[laɪ'breərɪən]
traductor (m)	translator	[træns'leɪtə(r)]
intérprete (m)	interpreter	[ɪn'tɜːprɪtə(r)]
guía (m)	guide	[gaɪd]

peluquero (m)	hairdresser	['heəˌdresə(r)]
cartero (m)	mailman	['meɪlmən]
vendedor (m)	salesman	['seɪlzmən]

jardinero (m)	gardener	['gɑːdnə(r)]
servidor (m)	servant	['sɜːvənt]
criada (f)	maid	[meɪd]
mujer (f) de la limpieza	cleaner	['kliːnə(r)]

88. La profesión militar y los rangos

soldado (m) raso	private	['praɪvɪt]
sargento (m)	sergeant	['sɑːʤənt]
teniente (m)	lieutenant	[luː'tenənt]
capitán (m)	captain	['kæptɪn]

mayor (m)	major	['meɪʤə(r)]
coronel (m)	colonel	['kɜːnəl]
general (m)	general	['ʤenərəl]
mariscal (m)	marshal	['mɑːʃəl]
almirante (m)	admiral	['ædmərəl]

militar (m)	military	['mɪlɪtərɪ]
soldado (m)	soldier	['səʊlʤə(r)]
oficial (m)	officer	['ɒfɪsə(r)]
comandante (m)	commander	[kə'mɑːndə(r)]
guardafronteras (m)	border guard	['bɔːdə gɑːd]

radio-operador (m)	radio operator	['reɪdɪəʊ 'ɒpəreɪtə(r)]
explorador (m)	scout	[skaʊt]
zapador (m)	pioneer	[ˌpaɪə'nɪə(r)]
tirador (m)	marksman	['mɑːksmən]
navegador (m)	navigator	['nævɪgeɪtə(r)]

89. Los oficiales. Los sacerdotes

| rey (m) | king | [kɪŋ] |
| reina (f) | queen | [kwiːn] |

| príncipe (m) | prince | [prɪns] |
| princesa (f) | princess | [prɪn'ses] |

| zar (m) | czar | [zɑː(r)] |
| zarina (f) | czarina | [zɑː'riːnə] |

presidente (m)	President	['prezɪdənt]
ministro (m)	Secretary	['sekrətərɪ]
primer ministro (m)	Prime minister	[praɪm 'mɪnɪstə(r)]
senador (m)	Senator	['senətə(r)]

diplomático (m)	diplomat	['dɪpləmæt]
cónsul (m)	consul	['kɒnsəl]
embajador (m)	ambassador	[æm'bæsədə(r)]
consejero (m)	counselor	['kaʊnsələ(r)]

funcionario (m)	official, functionary	[ə'fɪʃəl], ['fʌŋkʃənərɪ]
prefecto (m)	prefect	['priːfekt]
alcalde (m)	mayor	[meə(r)]

| juez (m) | judge | [dʒʌdʒ] |
| fiscal (m) | district attorney | ['dɪstrɪkt ə'tɜːnɪ] |

misionero (m)	missionary	['mɪʃənrɪ]
monje (m)	monk	[mʌŋk]
abad (m)	abbot	['æbət]
rabino (m)	rabbi	['ræbaɪ]

visir (m)	vizier	[vɪ'zɪə(r)]
sha (m), shah (m)	shah	[ʃɑː]
jeque (m)	sheikh	[ʃeɪk]

90. Las profesiones agrícolas

apicultor (m)	beekeeper	['biːˌkiːpə(r)]
pastor (m)	herder	['hɜːdə(r)]
agrónomo (m)	agronomist	[ə'grɒnəmɪst]
ganadero (m)	cattle breeder	['kætəl 'briːdə(r)]
veterinario (m)	veterinarian	[ˌvetərɪ'neərɪən]
granjero (m)	farmer	['fɑːmə(r)]
vinicultor (m)	winemaker	['waɪn ˌmeɪkə(r)]

| zoólogo (m) | zoologist | [zəʊ'ɒlədʒɪst] |
| cowboy (m) | cowboy | ['kaʊbɔɪ] |

91. Las profesiones artísticas

| actor (m) | actor | ['æktə(r)] |
| actriz (f) | actress | ['æktrɪs] |

| cantante (m) | singer | ['sɪŋə(r)] |
| cantante (f) | singer | ['sɪŋə(r)] |

| bailarín (m) | dancer | ['dɑ:nsə(r)] |
| bailarina (f) | dancer | ['dɑ:nsə(r)] |

músico (m)	musician	[mju:'zɪʃən]
pianista (m)	pianist	['pɪənɪst]
guitarrista (m)	guitar player	[gɪ'tɑ:r 'pleɪə(r)]

director (m) de orquesta	conductor	[kən'dʌktə(r)]
compositor (m)	composer	[kəm'pəʊzə(r)]
empresario (m)	impresario	[ˌɪmprɪ'sɑ:rɪəʊ]

director (m) de cine	film director	[fɪlm dɪ'rektə(r)]
productor (m)	producer	[prə'dju:sə(r)]
guionista (m)	scriptwriter	['skrɪptˌraɪtə(r)]
crítico (m)	critic	['krɪtɪk]

escritor (m)	writer	['raɪtə(r)]
poeta (m)	poet	['pəʊɪt]
escultor (m)	sculptor	['skʌlptə(r)]
pintor (m)	artist, painter	['ɑ:tɪst], ['peɪntə(r)]

malabarista (m)	juggler	['dʒʌglə(r)]
payaso (m)	clown	[klaʊn]
acróbata (m)	acrobat	['ækrəbæt]
ilusionista (m)	magician	[mə'dʒɪʃən]

92. Profesiones diversas

médico (m)	doctor	['dɒktə(r)]
enfermera (f)	nurse	[nɜ:s]
psiquiatra (m)	psychiatrist	[saɪ'kaɪətrɪst]
estomatólogo (m)	dentist	['dentɪst]
cirujano (m)	surgeon	['sɜ:dʒən]

astronauta (m)	astronaut	['æstrənɔ:t]
astrónomo (m)	astronomer	[ə'strɒnəmə(r)]
piloto (m)	pilot	['paɪlət]

conductor (m) (chófer)	driver	['draɪvə(r)]
maquinista (m)	engineer	[ˌendʒɪ'nɪə(r)]
mecánico (m)	mechanic	[mɪ'kænɪk]

minero (m)	miner	['maɪnə(r)]
obrero (m)	worker	['wɜːkə(r)]
cerrajero (m)	locksmith	['lɒksmɪθ]
carpintero (m)	joiner	['dʒɔɪnə(r)]
tornero (m)	turner	['tɜːnə(r)]
albañil (m)	construction worker	[kən'strʌkʃən 'wɜːkə(r)]
soldador (m)	welder	[weldə(r)]

profesor (m) (título)	professor	[prə'fesə(r)]
arquitecto (m)	architect	['ɑːkɪtekt]
historiador (m)	historian	[hɪ'stɔːrɪən]
científico (m)	scientist	['saɪəntɪst]
físico (m)	physicist	['fɪzɪsɪst]
químico (m)	chemist	['kemɪst]

arqueólogo (m)	archeologist	[ˌɑːkɪ'ɒlədʒɪst]
geólogo (m)	geologist	[dʒɪ'ɒlədʒɪst]
investigador (m)	researcher	[rɪ'sɜːʧə(r)]

niñera (f)	babysitter	['beɪbɪ 'sɪtə(r)]
pedagogo (m)	teacher, educator	['tiːʧə(r)], ['edʒʊkeɪtə(r)]

redactor (m)	editor	['edɪtə(r)]
redactor jefe (m)	editor-in-chief	['edɪtər ɪn ʧiːf]
corresponsal (m)	correspondent	[ˌkɒrɪ'spɒndənt]
mecanógrafa (f)	typist	['taɪpɪst]

diseñador (m)	designer	[dɪ'zaɪnə(r)]
especialista (m) en ordenadores	computer expert	[kəm'pjuːtər 'ekspɜːt]

programador (m)	programmer	['prəʊɡræmə(r)]
ingeniero (m)	engineer	[ˌendʒɪ'nɪə(r)]

marino (m)	sailor	['seɪlə(r)]
marinero (m)	seaman	['siːmən]
socorrista (m)	rescuer	['reskjʊə(r)]

bombero (m)	fireman	['faɪəmən]
policía (m)	police officer	[pə'liːs 'ɒfɪsə(r)]
vigilante (m) nocturno	watchman	['wɒʧmən]
detective (m)	detective	[dɪ'tektɪv]

aduanero (m)	customs officer	['kʌstəmz 'ɒfɪsə(r)]
guardaespaldas (m)	bodyguard	['bɒdɪɡɑːd]
guardia (m) de prisiones	prison guard	['prɪzən ɡɑːd]
inspector (m)	inspector	[ɪn'spektə(r)]

deportista (m)	sportsman	['spɔːtsmən]
entrenador (m)	trainer, coach	['treɪnə(r)], [kəʊʧ]
carnicero (m)	butcher	['bʊʧə(r)]
zapatero (m)	cobbler, shoe repairer	['kɒblə(r)], [ʃuː rɪ'peərə(r)]
comerciante (m)	merchant	['mɜːʧənt]
cargador (m)	loader	['ləʊdə(r)]

diseñador (m) de modas	fashion designer	['fæʃən dɪ'zaɪnə(r)]
modelo (f)	model	['mɒdəl]

93. Los trabajos. El estatus social

escolar (m)	schoolboy	['sku:lbɔɪ]
estudiante (m)	student	['stju:dənt]
filósofo (m)	philosopher	[fɪ'lɒsəfə(r)]
economista (m)	economist	[ɪ'kɒnəmɪst]
inventor (m)	inventor	[ɪn'ventə(r)]
desempleado (m)	unemployed	[ˌʌnɪm'plɔɪd]
jubilado (m)	retiree	[ˌrɪtaɪə'ri:]
espía (m)	spy, secret agent	[spaɪ], ['si:krɪt 'eɪdʒənt]
prisionero (m)	prisoner	['prɪzənə(r)]
huelguista (m)	striker	['straɪkə(r)]
burócrata (m)	bureaucrat	['bjʊərəkræt]
viajero (m)	traveler	['trævələ(r)]
homosexual (m)	gay, homosexual	[geɪ], [ˌhɒmə'sekʃʊəl]
hacker (m)	hacker	['hækə(r)]
hippie (m)	hippie	['hɪpɪ]
bandido (m)	bandit	['bændɪt]
sicario (m)	hit man, killer	[hɪt mæn], ['kɪlə(r)]
drogadicto (m)	drug addict	['drʌgˌædɪkt]
narcotraficante (m)	drug dealer	['drʌg ˌdi:lə(r)]
prostituta (f)	prostitute	['prɒstɪtju:t]
chulo (m), proxeneta (m)	pimp	[pɪmp]
brujo (m)	sorcerer	['sɔ:sərə(r)]
bruja (f)	sorceress	['sɔ:sərɪs]
pirata (m)	pirate	['paɪrət]
esclavo (m)	slave	[sleɪv]
samurai (m)	samurai	['sæmʊraɪ]
salvaje (m)	savage	['sævɪdʒ]

La educación

94. La escuela

escuela (f)	school	[skuːl]
director (m) de escuela	principal	['prɪnsɪpəl]
alumno (m)	pupil	['pjuːpəl]
alumna (f)	pupil	['pjuːpəl]
escolar (m)	schoolboy	['skuːlbɔɪ]
escolar (f)	schoolgirl	['skuːlgɜːl]
enseñar (vt)	to teach (vt)	[tə tiːtʃ]
aprender (ingles, etc.)	to learn (vt)	[tə lɜːn]
aprender de memoria	to learn by heart	[tə lɜːn baɪ hɑːt]
aprender (a leer, etc.)	to learn (vt)	[tə lɜːn]
estar en la escuela	to be at school	[tə bi ət skuːl]
ir a la escuela	to go to school	[tə gəʊ tə skuːl]
alfabeto (m)	alphabet	['ælfəbet]
materia (f)	subject	['sʌbdʒɪkt]
clase (f), aula (f)	classroom	['klɑːsrʊm]
lección (f)	lesson	['lesən]
recreo (m)	recess	['riːses]
campana (f)	school bell	[skuːl bel]
pupitre (m)	desk	[desk]
pizarra (f)	chalkboard	['tʃɔːkbɔːd]
nota (f)	grade	[greɪd]
buena nota (f)	good grade	[gʊd greɪd]
mala nota (f)	bad grade	[bæd greɪd]
poner una nota	to give a grade	[tə gɪv ə greɪd]
falta (f)	mistake	[mɪ'steɪk]
hacer faltas	to make mistakes	[tə meɪk mɪ'steɪks]
corregir (un error)	to correct (vt)	[tə kə'rekt]
chuleta (f)	cheat sheet	['tʃiːt ʃiːt]
deberes (m pl) de casa	homework	['həʊmwɜːk]
ejercicio (m)	exercise	['eksəsaɪz]
estar presente	to be present	[tə bi 'prezənt]
estar ausente	to be absent	[tə bi 'æbsənt]
faltar a las clases	to miss school	[tə mɪs skuːl]
castigar (vt)	to punish (vt)	[tə 'pʌnɪʃ]
castigo (m)	punishment	['pʌnɪʃmənt]
conducta (f)	conduct	['kɒndʌkt]

libreta (f) de notas	report card	[rɪ'pɔːt kɑːd]
lápiz (f)	pencil	['pensəl]
goma (f) de borrar	eraser	[ɪ'reɪsə(r)]
tiza (f)	chalk	[ʧɔːk]
cartuchera (f)	pencil case	['pensəl keɪs]

mochila (f)	schoolbag	['skuːlbæg]
bolígrafo (m)	pen	[pen]
cuaderno (m)	school notebook	[skuːl 'nəʊtbʊk]
manual (m)	textbook	['tekstbʊk]
compás (m)	compasses	['kʌmpəsɪz]

| trazar (vi, vt) | to make technical drawings | [tə meɪk 'teknɪkəl 'drɔːɪŋs] |
| dibujo (m) técnico | technical drawing | ['teknɪkəl 'drɔːɪŋ] |

poema (m), poesía (f)	poem	['pəʊɪm]
de memoria (adv)	by heart	[baɪ hɑːt]
aprender de memoria	to learn by heart	[tə lɜːn baɪ hɑːt]

vacaciones (f pl)	school vacation	[skuːl və'keɪʃən]
estar de vacaciones	to be on vacation	[tə bi ɒn və'keɪʃən]
pasar las vacaciones	to spend one's vacation	[tə spend wʌns və'keɪʃən]

prueba (f) escrita	test	[test]
composición (f)	essay	['eseɪ]
dictado (m)	dictation	[dɪk'teɪʃən]
examen (m)	exam	[ɪg'zæm]
hacer un examen	to take an exam	[tə ˌteɪk ən ɪg'zæm]
experimento (m)	experiment	[ɪk'sperɪmənt]

95. Los institutos. La Universidad

academia (f)	academy	[ə'kædəmɪ]
universidad (f)	university	[ˌjuːnɪ'vɜːsətɪ]
facultad (f)	faculty	['fækəltɪ]

estudiante (m)	student	['stjuːdənt]
estudiante (f)	student	['stjuːdənt]
profesor (m)	lecturer	['lekʧərə(r)]

| aula (f) | lecture hall | ['lekʧə hɔːl] |
| graduado (m) | graduate | ['grædʒʊət] |

| diploma (m) | diploma | [dɪ'pləʊmə] |
| tesis (f) de grado | dissertation | [ˌdɪsə'teɪʃən] |

| estudio (m) | study | ['stʌdɪ] |
| laboratorio (m) | laboratory | ['læbrəˌtɔːrɪ] |

| clase (f) | lecture | ['lekʧə(r)] |
| compañero (m) de curso | coursemate | [kɔːsmeɪt] |

| beca (f) | scholarship | ['skɒləʃɪp] |
| grado (m) académico | academic degree | [ˌækə'demɪk dɪ'griː] |

96. Las ciencias. Las disciplinas

matemáticas (f pl)	mathematics	[ˌmæθəˈmætɪks]
álgebra (f)	algebra	[ˈældʒɪbrə]
geometría (f)	geometry	[dʒɪˈɒmətrɪ]
astronomía (f)	astronomy	[əˈstrɒnəmɪ]
biología (f)	biology	[baɪˈɒlədʒɪ]
geografía (f)	geography	[dʒɪˈɒgrəfɪ]
geología (f)	geology	[dʒɪˈɒlədʒɪ]
historia (f)	history	[ˈhɪstərɪ]
medicina (f)	medicine	[ˈmedsɪn]
pedagogía (f)	pedagogy	[ˈpedəgɒdʒɪ]
derecho (m)	law	[lɔː]
física (f)	physics	[ˈfɪzɪks]
química (f)	chemistry	[ˈkemɪstrɪ]
filosofía (f)	philosophy	[fɪˈlɒsəfɪ]
psicología (f)	psychology	[saɪˈkɒlədʒɪ]

97. Los sistemas de escritura. La ortografía

gramática (f)	grammar	[ˈgræmə(r)]
vocabulario (m)	vocabulary	[vəˈkæbjʊlərɪ]
fonética (f)	phonetics	[fəˈnetɪks]
sustantivo (m)	noun	[naʊn]
adjetivo (m)	adjective	[ˈædʒɪktɪv]
verbo (m)	verb	[vɜːb]
adverbio (m)	adverb	[ˈædvɜːb]
pronombre (m)	pronoun	[ˈprəʊnaʊn]
interjección (f)	interjection	[ˌɪntəˈdʒekʃən]
preposición (f)	preposition	[ˌprepəˈzɪʃən]
raíz (f), radical (m)	root	[ruːt]
desinencia (f)	ending	[ˈendɪŋ]
prefijo (m)	prefix	[ˈpriːfɪks]
sílaba (f)	syllable	[ˈsɪləbəl]
sufijo (m)	suffix	[ˈsʌfɪks]
acento (m)	stress mark	[ˈstres ˌmɑːk]
apóstrofo (m)	apostrophe	[əˈpɒstrəfɪ]
punto (m)	period, dot	[ˈpɪərɪəd], [dɒt]
coma (f)	comma	[ˈkɒmə]
punto y coma	semicolon	[ˌsemɪˈkəʊlən]
dos puntos (m pl)	colon	[ˈkəʊlən]
puntos (m pl) suspensivos	ellipsis	[ɪˈlɪpsɪs]
signo (m) de interrogación	question mark	[ˈkwestʃən mɑːk]
signo (m) de admiración	exclamation point	[ˌekskləˈmeɪʃən pɔɪnt]

comillas (f pl)	quotation marks	[kwəʊ'teɪʃən mɑ:ks]
entre comillas	in quotation marks	[ɪn kwəʊ'teɪʃən mɑ:ks]
paréntesis (m)	parenthesis	[pə'renθɪsɪs]
entre paréntesis	in parenthesis	[ɪn pə'renθɪsɪs]

guión (m)	hyphen	['haɪfən]
raya (f)	dash	[dæʃ]
blanco (m)	space	[speɪs]

| letra (f) | letter | ['letə(r)] |
| letra (f) mayúscula | capital letter | ['kæpɪtəl 'letə(r)] |

| vocal (f) | vowel | ['vaʊəl] |
| consonante (m) | consonant | ['kɒnsənənt] |

oración (f)	sentence	['sentəns]
sujeto (m)	subject	['sʌbdʒɪkt]
predicado (m)	predicate	['predɪkət]

línea (f)	line	[laɪn]
en una nueva línea	on a new line	[ɒn ə nju: laɪn]
párrafo (m)	paragraph	['pærəgrɑ:f]

palabra (f)	word	[wɜ:d]
combinación (f) de palabras	group of words	[gru:p əf wɜ:dz]
expresión (f)	expression	[ɪk'spreʃən]
sinónimo (m)	synonym	['sɪnənɪm]
antónimo (m)	antonym	['æntənɪm]

regla (f)	rule	[ru:l]
excepción (f)	exception	[ɪk'sepʃən]
correcto (adj)	correct	[kə'rekt]

conjugación (f)	conjugation	[ˌkɒndʒʊ'geɪʃən]
caso (m)	nominal case	['nɒmɪnəl keɪs]
pregunta (f)	question	['kwestʃən]
subrayar (vt)	to underline (vt)	[tə ˌʌndə'laɪn]
línea (f) de puntos	dotted line	['dɒtɪd laɪn]

98. Los idiomas extranjeros

lengua (f)	language	['læŋgwɪdʒ]
extranjero (adj)	foreign	['fɒrən]
estudiar (vt)	to study (vt)	[tə 'stʌdɪ]
aprender (ingles, etc.)	to learn (vt)	[tə lɜ:n]

leer (vi, vt)	to read (vi, vt)	[tə ri:d]
hablar (vi, vt)	to speak (vi, vt)	[tə spi:k]
comprender (vt)	to understand (vt)	[təˌʌndə'stænd]
escribir (vt)	to write (vt)	[tə raɪt]

rápidamente (adv)	quickly, fast	['kwɪklɪ], [fɑ:st]
lentamente (adv)	slowly	['sləʊlɪ]
con fluidez (adv)	fluently	['flu:əntlɪ]

reglas (f pl)	rules	[ruːlz]
gramática (f)	grammar	['græmə(r)]
vocabulario (m)	vocabulary	[və'kæbjʊlərɪ]
fonética (f)	phonetics	[fə'netɪks]

manual (m)	textbook	['tekstbʊk]
diccionario (m)	dictionary	['dɪkʃənərɪ]
manual (m) autodidáctico	teach-yourself book	[tiːʧ jɔː'self bʊk]
guía (f) de conversación	phrasebook	['freɪzbʊk]

casete (m)	cassette, tape	[kæ'set], [teɪp]
videocasete (f)	videotape	['vɪdɪəʊteɪp]
CD (m)	CD, compact disc	[ˌsiː'diː], [kəm'pækt dɪsk]
DVD (m)	DVD	[ˌdiːviː'diː]

alfabeto (m)	alphabet	['ælfəbet]
deletrear (vt)	to spell (vt)	[tə spel]
pronunciación (f)	pronunciation	[prəˌnʌnsɪ'eɪʃən]

acento (m)	accent	['æksent]
con acento	with an accent	[wɪð ən 'æksent]
sin acento	without an accent	[wɪ'ðaʊt ən 'æksent]

| palabra (f) | word | [wɜːd] |
| significado (m) | meaning | ['miːnɪŋ] |

cursos (m pl)	course	[kɔːs]
inscribirse (vr)	to sign up (vi)	[tə saɪn ʌp]
profesor (m) (~ de inglés)	teacher	['tiːʧə(r)]

traducción (f) (texto)	translation	[træns'leɪʃən]
traductor (m)	translator	[træns'leɪtə(r)]
intérprete (m)	interpreter	[ɪn'tɜːprɪtə(r)]

| políglota (m) | polyglot | ['pɒlɪglɒt] |
| memoria (f) | memory | ['memərɪ] |

Los restaurantes. El entretenimiento. El viaje

99. El viaje. Viajar

turismo (m)	tourism, travel	['tʊərɪzəm], ['trævəl]
turista (m)	tourist	['tʊərɪst]
viaje (m)	trip	[trɪp]
aventura (f)	adventure	[əd'ventʃə(r)]
viaje (m)	trip, journey	[trɪp], ['dʒɜːnɪ]
vacaciones (f pl)	vacation	[və'keɪʃən]
estar de vacaciones	to be on vacation	[tə bi ɒn və'keɪʃən]
descanso (m)	rest	[rest]
tren (m)	train	[treɪn]
en tren	by train	[baɪ treɪn]
avión (m)	airplane	['eəpleɪn]
en avión	by airplane	[baɪ 'eəpleɪn]
en coche	by car	[baɪ kɑː(r)]
en barco	by ship	[baɪ ʃɪp]
equipaje (m)	luggage	['lʌgɪdʒ]
maleta (f)	suitcase	['suːtkeɪs]
carrito (m) de equipaje	luggage cart	['lʌgɪdʒ kɑːt]
pasaporte (m)	passport	['pɑːspɔːt]
visado (m)	visa	['viːzə]
billete (m)	ticket	['tɪkɪt]
billete (m) de avión	air ticket	['eə 'tɪkɪt]
guía (f) (libro)	guidebook	['gaɪdbʊk]
mapa (m)	map	[mæp]
área (m) (~ rural)	area	['eərɪə]
lugar (m)	place, site	[pleɪs], [saɪt]
exotismo (m)	exotica	[ɪg'zɒtɪkə]
exótico (adj)	exotic	[ɪg'zɒtɪk]
asombroso (adj)	amazing	[ə'meɪzɪŋ]
grupo (m)	group	[gruːp]
excursión (f)	excursion	[ɪk'skɜːʃən]
guía (m) (persona)	guide	[gaɪd]

100. El hotel

hotel (m)	hotel	[həʊ'tel]
motel (m)	motel	[məʊ'tel]
de tres estrellas	three-star	[θriː stɑː(r)]

| de cinco estrellas | five-star | [ˌfaɪv 'stɑ:(r)] |
| hospedarse (vr) | to stay (vi) | [tə steɪ] |

habitación (f)	room	[ru:m]
habitación (f) individual	single room	['sɪŋgəl ru:m]
habitación (f) doble	double room	['dʌbəl ru:m]
reservar una habitación	to book a room	[tə bʊk ə ru:m]

| media pensión (f) | half board | [hɑ:f bɔ:d] |
| pensión (f) completa | full board | [fʊl bɔ:d] |

con baño	with bath	[wɪð bɑ:θ]
con ducha	with shower	[wɪð 'ʃaʊə(r)]
televisión (f) satélite	satellite television	['sætəlaɪt 'telɪˌvɪʒən]
climatizador (m)	air-conditioner	[eə kən'dɪʃənə]
toalla (f)	towel	['taʊəl]
llave (f)	key	[ki:]

administrador (m)	administrator	[əd'mɪnɪstreɪtə(r)]
camarera (f)	chambermaid	['ʧeɪmbəˌmeɪd]
maletero (m)	porter, bellboy	['pɔ:tə(r)], ['belbɔɪ]
portero (m)	doorman	['dɔ:mən]

restaurante (m)	restaurant	['restrɒnt]
bar (m)	pub, bar	[pʌb], [bɑ:(r)]
desayuno (m)	breakfast	['brekfəst]
cena (f)	dinner	['dɪnə(r)]
buffet (m) libre	buffet	[bə'feɪ]

ascensor (m)	elevator	['elɪveɪtə(r)]
NO MOLESTAR	DO NOT DISTURB	[du nɒt dɪ'stɜ:b]
PROHIBIDO FUMAR	NO SMOKING	[nəʊ 'sməʊkɪŋ]

EL EQUIPO TÉCNICO. EL TRANSPORTE

El equipo técnico

101. El computador

ordenador (m)	computer	[kəm'pju:tə(r)]
ordenador (m) portátil	notebook, laptop	['nəʊtbʊk], ['læptɒp]
encender (vt)	to switch on (vt)	[tə swɪtʃ ɒn]
apagar (vt)	to turn off (vt)	[tə tɜ:n ɒf]
teclado (m)	keyboard	['ki:bɔ:d]
tecla (f)	key	[ki:]
ratón (m)	mouse	[maʊs]
alfombrilla (f) para ratón	mouse pad	[maʊs pæd]
botón (m)	button	['bʌtən]
cursor (m)	cursor	['kɜ:sə(r)]
monitor (m)	monitor	['mɒnɪtə(r)]
pantalla (f)	screen	[skri:n]
disco (m) duro	hard disk	[hɑːd dɪsk]
volumen (m) de disco duro	hard disk capacity	[hɑːd dɪsk kə'pæsɪtɪ]
memoria (f)	memory	['memərɪ]
memoria (f) operativa	random access memory	['rændəm 'ækses 'memərɪ]
archivo, fichero (m)	file	[faɪl]
carpeta (f)	folder	['fəʊldə(r)]
abrir (vt)	to open (vt)	[tə 'əʊpən]
cerrar (vt)	to close (vt)	[tə kləʊz]
guardar (un archivo)	to save (vt)	[tə seɪv]
borrar (vt)	to delete (vt)	[tə dɪ'li:t]
copiar (vt)	to copy (vt)	[tə 'kɒpɪ]
ordenar (vt) (~ de A a Z, etc.)	to sort (vt)	[tə sɔːt]
programa (m)	program	['prəʊgræm]
software (m)	software	['sɒftweə(r)]
programador (m)	programmer	['prəʊgræmə(r)]
programar (vt)	to program (vt)	[tə 'prəʊgræm]
hacker (m)	hacker	['hækə(r)]
contraseña (f)	password	['pɑːswɜːd]
virus (m)	virus	['vaɪrəs]
detectar (vt)	to find, to detect	[tə faɪnd], [tə dɪ'tekt]
octeto (m)	byte	[baɪt]
megaocteto (m)	megabyte	['megəbaɪt]

| datos (m pl) | data | ['deɪtə] |
| base (f) de datos | database | ['deɪtəbeɪs] |

cable (m)	cable	['keɪbəl]
desconectar (vt)	to disconnect (vt)	[tə ˌdɪskə'nekt]
conectar (vt)	to connect (vt)	[tə kə'nekt]

102. El internet. El correo electrónico

internet (m), red (f)	Internet	['ɪntənet]
navegador (m)	browser	['braʊzə(r)]
buscador (m)	search engine	[sɜ:tʃ 'endʒɪn]
proveedor (m)	provider	[prə'vaɪdə(r)]

webmaster (m)	webmaster	[web peɪdʒ]
sitio (m) web	website	['websaɪt]
página (f) web	webpage	[web peɪdʒ]

| dirección (f) | address | [ə'dres] |
| libro (m) de direcciones | address book | [ə'dres bʊk] |

buzón (m)	mailbox	['meɪlbɒks]
correo (m)	mail	[meɪl]
lleno (adj)	full	[fʊl]

mensaje (m)	message	['mesɪdʒ]
correo (m) entrante	incoming messages	['ɪnˌkʌmɪŋ 'mesɪdʒɪz]
correo (m) saliente	outgoing messages	['aʊtˌgəʊɪŋ 'mesɪdʒɪz]
expedidor (m)	sender	['sendə(r)]
enviar (vt)	to send (vt)	[tə send]
envío (m)	sending	['sendɪŋ]

| destinatario (m) | receiver | [rɪ'si:və(r)] |
| recibir (vt) | to receive (vt) | [tə rɪ'si:v] |

| correspondencia (f) | correspondence | [ˌkɒrɪ'spɒndəns] |
| escribirse con ... | to correspond (vi) | [tə ˌkɒrɪ'spɒnd] |

archivo, fichero (m)	file	[faɪl]
descargar (vt)	to download (vt)	[tə 'daʊnləʊd]
crear (vt)	to create (vt)	[tə kri:'eɪt]
borrar (vt)	to delete (vt)	[tə dɪ'li:t]
borrado (adj)	deleted	[dɪ'li:tɪd]

conexión (f) (ADSL, etc.)	connection	[kə'nekʃən]
velocidad (f)	speed	[spi:d]
módem (m)	modem	['məʊdem]
acceso (m)	access	['ækses]
puerto (m)	port	[pɔ:t]

conexión (f) (establecer la ~)	connection	[kə'nekʃən]
conectarse a ...	to connect to ...	[tə kə'nekt tə]
seleccionar (vt)	to select (vt)	[tə sɪ'lekt]
buscar (vt)	to search for ...	[tə sɜ:tʃ fɔ:(r)]

103. La electricidad

electricidad (f)	electricity	[ˌɪlek'trɪsətɪ]
eléctrico (adj)	electric, electrical	[ɪ'lektrɪk], [ɪ'lektrɪkəl]
central (f) eléctrica	electric power plant	[ɪ'lektrɪk 'pauə plɑ:nt]
energía (f)	energy	['enədʒɪ]
energía (f) eléctrica	electric power	[ɪ'lektrɪk 'pauə]

bombilla (f)	light bulb	['laɪt ˌbʌlb]
linterna (f)	flashlight	['flæʃlaɪt]
farola (f)	street light	['stri:t laɪt]

luz (f)	light	[laɪt]
encender (vt)	to turn on (vt)	[tə tɜ:n ɒn]
apagar (vt)	to turn off (vt)	[tə tɜ:n ɒf]
apagar la luz	to turn off the light	[tə tɜ:n ɒf ðə laɪt]

quemarse (vr)	to burn out (vi)	[tə bɜ:n aʊt]
circuito (m) corto	short circuit	[ʃɔ:t 'sɜ:kɪt]
ruptura (f)	broken wire	['brəʊkən 'waɪə]
contacto (m)	contact	['kɒntækt]

interruptor (m)	switch	[swɪtʃ]
enchufe (m)	wall socket	[wɔ:l 'sɒkɪt]
clavija (f)	plug	[plʌg]
alargador (m)	extension cord	[ɪk'stenʃən ˌkɔ:d]

fusible (m)	fuze, fuse	[fju:z]
hilo (m)	cable, wire	['keɪbəl], ['waɪə]
instalación (f) eléctrica	wiring	['waɪərɪŋ]

amperio (m)	ampere	['æmpeə(r)]
amperaje (m)	amperage	['æmpərɪdʒ]
voltio (m)	volt	[vəʊlt]
voltaje (m)	voltage	['vəʊltɪdʒ]

aparato (m) eléctrico	electrical device	[ɪ'lektrɪkəl dɪ'vaɪs]
indicador (m)	indicator	['ɪndɪkeɪtə(r)]

electricista (m)	electrician	[ˌɪlek'trɪʃən]
soldar (vt)	to solder (vt)	[tə 'səʊldə]
soldador (m)	soldering iron	['səʊldərɪŋ 'aɪrən]
corriente (f)	current	['kʌrənt]

104. Las herramientas

instrumento (m)	tool, instrument	[tu:l], ['ɪnstrʊmənt]
instrumentos (m pl)	tools	[tu:lz]
maquinaria (f)	equipment	[ɪ'kwɪpmənt]

martillo (m)	hammer	['hæmə(r)]
destornillador (m)	screwdriver	['skru:ˌdraɪvə(r)]
hacha (f)	ax	[æks]

sierra (f)	saw	[sɔ:]
serrar (vt)	to saw (vt)	[tə sɔ:]
cepillo (m)	plane	[pleɪn]
cepillar (vt)	to plane (vt)	[tə pleɪn]
soldador (m)	soldering iron	['səʊldərɪŋ 'aɪrən]
soldar (vt)	to solder (vt)	[tə 'səʊldə]
lima (f)	file	[faɪl]
tenazas (f pl)	carpenter pincers	['kɑ:pəntə 'pɪnsəz]
alicates (m pl)	lineman's pliers	['laɪnməns 'plaɪəz]
escoplo (m)	chisel	['ʧɪzəl]
broca (f)	drill bit	[drɪl bɪt]
taladro (m)	electric drill	[ɪ'lektrɪk drɪl]
taladrar (vi, vt)	to drill (vi, vt)	[tə drɪl]
cuchillo (m)	knife	[naɪf]
filo (m)	blade	[bleɪd]
agudo (adj)	sharp	[ʃɑ:p]
embotado (adj)	dull, blunt	[dʌl], [blʌnt]
embotarse (vr)	to get blunt	[tə get blʌnt]
afilar (vt)	to sharpen (vt)	[tə 'ʃɑ:pən]
perno (m)	bolt	[bəʊlt]
tuerca (f)	nut	[nʌt]
filete (m)	thread	[θred]
tornillo (m)	wood screw	[wʊd skru:]
clavo (m)	nail	[neɪl]
cabeza (f) del clavo	nailhead	['neɪlhed]
regla (f)	ruler	['ru:lə(r)]
cinta (f) métrica	tape measure	[teɪp 'meʒə(r)]
nivel (m) de burbuja	spirit level	['spɪrɪt 'levəl]
lupa (f)	magnifying glass	['mægnɪfaɪɪŋ glɑ:s]
aparato (m) de medida	measuring instrument	['meʒərɪŋ 'ɪnstrʊmənt]
medir (vt)	to measure (vt)	[tə 'meʒə(r)]
escala (f) (~ métrica)	scale	[skeɪl]
lectura (f)	readings	['ri:dɪŋz]
compresor (m)	compressor	[kəm'presə]
microscopio (m)	microscope	['maɪkrəskəʊp]
bomba (f) (~ de agua)	pump	[pʌmp]
robot (m)	robot	['rəʊbɒt]
láser (m)	laser	['leɪzə(r)]
llave (f) de tuerca	wrench	[renʧ]
cinta (f) adhesiva	adhesive tape	[əd'hi:sɪv teɪp]
pegamento (m)	glue	[glu:]
papel (m) de lija	sandpaper	['sænd,peɪpə(r)]
resorte (m)	spring	[sprɪŋ]
imán (m)	magnet	['mægnɪt]

guantes (m pl)	**gloves**	[glʌvz]
cuerda (f)	**rope**	['rəʊp]
cordón (m)	**cord**	[kɔːd]
hilo (m) (~ eléctrico)	**wire**	['waɪə(r)]
cable (m)	**cable**	['keɪbəl]
almádana (f)	**sledgehammer**	['sledʒˌhæmə(r)]
barra (f)	**prybar**	[praɪbɑː(r)]
escalera (f) portátil	**ladder**	['lædə]
escalera (f) de tijera	**stepladder**	['stepˌlædə(r)]
atornillar (vt)	**to screw** (vt)	[tə skruː]
destornillar (vt)	**to unscrew** (vt)	[tə ˌʌn'skruː]
apretar (vt)	**to tighten** (vt)	[tə 'taɪtən]
pegar (vt)	**to glue, to stick**	[tə gluː], [tə stɪk]
cortar (vt)	**to cut** (vt)	[tə kʌt]
fallo (m)	**malfunction**	[ˌmæl'fʌŋkʃən]
reparación (f)	**repair**	[rɪ'peə(r)]
reparar (vt)	**to repair** (vt)	[tə rɪ'peə(r)]
regular, ajustar (vt)	**to adjust** (vt)	[tə ə'dʒʌst]
verificar (vt)	**to check** (vt)	[tə tʃek]
control (m)	**checking**	['tʃekɪŋ]
lectura (f) (~ del contador)	**readings**	['riːdɪŋz]
fiable (máquina)	**reliable**	[rɪ'laɪəbəl]
complicado (adj)	**complex**	['kɒmpleks]
oxidarse (vr)	**to rust** (vi)	[tə rʌst]
oxidado (adj)	**rusty, rusted**	['rʌstɪ], ['rʌstɪd]
óxido (m)	**rust**	[rʌst]

El transporte

105. El avión

avión (m)	airplane	['eəpleɪn]
billete (m) de avión	air ticket	['eə 'tɪkɪt]
compañía (f) aérea	airline	['eəlaɪn]
aeropuerto (m)	airport	['eəpɔːt]
supersónico (adj)	supersonic	[ˌsuːpə'sɒnɪk]
comandante (m)	captain	['kæptɪn]
tripulación (f)	crew	[kruː]
piloto (m)	pilot	['paɪlət]
azafata (f)	flight attendant	[ˌflaɪt ə'tendənt]
navegador (m)	navigator	['nævɪgeɪtə(r)]
alas (f pl)	wings	[wɪŋz]
cola (f)	tail	[teɪl]
cabina (f)	cockpit	['kɒkpɪt]
motor (m)	engine	['endʒɪn]
tren (m) de aterrizaje	landing gear	['lændɪŋ gɪə(r)]
turbina (f)	turbine	['tɜːbaɪn]
hélice (f)	propeller	[prə'pelə(r)]
caja (f) negra	black box	[blæk bɒks]
timón (m)	yoke, control column	[jəʊk], [kən'trəʊl 'kɒləm]
combustible (m)	fuel	[fjʊəl]
instructivo (m) de seguridad	safety card	['seɪftɪ kɑːd]
respirador (m) de oxígeno	oxygen mask	['ɒksɪdʒən mɑːsk]
uniforme (m)	uniform	['juːnɪfɔːm]
chaleco (m) salvavidas	life vest	['laɪf vest]
paracaídas (m)	parachute	['pærəʃuːt]
despegue (m)	takeoff	['teɪkɒf]
despegar (vi)	to take off (vi)	[tə teɪk ɒf]
pista (f) de despegue	runway	['rʌnˌweɪ]
visibilidad (f)	visibility	[ˌvɪzɪ'bɪlɪtɪ]
vuelo (m)	flight	[flaɪt]
altura (f)	altitude	['æltɪtjuːd]
pozo (m) de aire	air pocket	[eə 'pɒkɪt]
asiento (m)	seat	[siːt]
auriculares (m pl)	headphones	['hedfəʊnz]
mesita (f) plegable	folding tray	['fəʊldɪŋ treɪ]
ventana (f)	window	['wɪndəʊ]
pasillo (m)	aisle	[aɪl]

106. El tren

tren (m)	train	[treɪn]
tren (m) eléctrico	commuter train	[kə'mju:tə(r) treɪn]
tren (m) rápido	express train	[ɪk'spres treɪn]
locomotora (f) diésel	diesel locomotive	['di:zəl ˌləʊkə'məʊtɪv]
tren (m) de vapor	steam locomotive	[sti:m ˌləʊkə'məʊtɪv]

| coche (m) | passenger car | ['pæsɪndʒə ka:(r)] |
| coche (m) restaurante | dining car | ['daɪnɪŋ ka:] |

rieles (m pl)	rails	[reɪlz]
ferrocarril (m)	railroad	['reɪlrəʊd]
traviesa (f)	railway tie	['reɪlweɪ taɪ]

plataforma (f)	platform	['plætfɔ:m]
vía (f)	track	[træk]
semáforo (m)	semaphore	['seməfɔ:(r)]
estación (f)	station	['steɪʃən]

maquinista (m)	engineer	[ˌendʒɪ'nɪə(r)]
maletero (m)	porter	['pɔ:tə(r)]
mozo (m) del vagón	car attendant	[ka:(r) ə'tendənt]
pasajero (m)	passenger	['pæsɪndʒə(r)]
revisor (m)	conductor	[kən'dʌktə(r)]

| corredor (m) | corridor | ['kɒrɪˌdɔ:(r)] |
| freno (m) de urgencia | emergency brake | [ɪ'mɜ:dʒənsɪ breɪk] |

compartimiento (m)	compartment	[kəm'pa:tmənt]
litera (f)	berth	[bɜ:θ]
litera (f) de arriba	upper berth	['ʌpə bɜ:θ]
litera (f) de abajo	lower berth	['ləʊə 'bɜ:θ]
ropa (f) de cama	bed linen, bedding	[bed 'lɪnɪn], ['bedɪŋ]

billete (m)	ticket	['tɪkɪt]
horario (m)	schedule	['skedʒʊl]
pantalla (f) de información	information display	[ˌɪnfə'meɪʃən dɪ'spleɪ]

partir (vi)	to leave, to depart	[tə li:v], [tə dɪ'pa:t]
partida (f) (del tren)	departure	[dɪ'pa:tʃə(r)]
llegar (tren)	to arrive (vi)	[tə ə'raɪv]
llegada (f)	arrival	[ə'raɪvəl]

llegar en tren	to arrive by train	[tə ə'raɪv baɪ treɪn]
tomar el tren	to get on the train	[tə ˌget ɒn ðə 'treɪn]
bajar del tren	to get off the train	[tə ˌget əv ðə 'treɪn]

| descarrilamiento (m) | train wreck | [treɪn rek] |
| descarrilarse (vr) | to derail (vi) | [tə dɪ'reɪl] |

tren (m) de vapor	steam locomotive	[sti:m ˌləʊkə'məʊtɪv]
fogonero (m)	stoker, fireman	['stəʊkə], ['faɪəmən]
hogar (m)	firebox	['faɪəbɒks]
carbón (m)	coal	[kəʊl]

107. El barco

buque (m)	ship	[ʃɪp]
navío (m)	vessel	['vesəl]
buque (m) de vapor	steamship	['stiːmʃɪp]
motonave (m)	riverboat	['rɪvəˌbəʊt]
trasatlántico (m)	cruise ship	[kruːz ʃɪp]
crucero (m)	cruiser	['kruːzə(r)]
yate (m)	yacht	[jɒt]
remolcador (m)	tugboat	['tʌgbəʊt]
barcaza (f)	barge	[bɑːdʒ]
ferry (m)	ferry	['ferɪ]
velero (m)	sailing ship	['seɪlɪŋ ʃɪp]
bergantín (m)	brigantine	['brɪgəntiːn]
rompehielos (m)	ice breaker	['aɪsˌbreɪkə(r)]
submarino (m)	submarine	[ˌsʌbməˈriːn]
bote (m) de remo	boat	[bəʊt]
bote (m)	dinghy	['dɪŋgɪ]
bote (m) salvavidas	lifeboat	['laɪfbəʊt]
lancha (f) motora	motorboat	['məʊtəbəʊt]
capitán (m)	captain	['kæptɪn]
marinero (m)	seaman	['siːmən]
marino (m)	sailor	['seɪlə(r)]
tripulación (f)	crew	[kruː]
contramaestre (m)	boatswain	['bəʊsən]
grumete (m)	ship's boy	[ʃɪps bɔɪ]
cocinero (m) de abordo	cook	[kʊk]
médico (m) del buque	ship's doctor	[ʃɪps 'dɒktə(r)]
cubierta (f)	deck	[dek]
mástil (m)	mast	[mɑːst]
vela (f)	sail	[seɪl]
bodega (f)	hold	[həʊld]
proa (f)	bow	[baʊ]
popa (f)	stern	[stɜːn]
remo (m)	oar	[ɔː(r)]
hélice (f)	propeller	[prəˈpelə(r)]
camarote (m)	cabin	['kæbɪn]
sala (f) de oficiales	wardroom	['wɔːdrʊm]
sala (f) de máquinas	engine room	['endʒɪn ˌruːm]
puente (m) de mando	bridge	[brɪdʒ]
sala (f) de radio	radio room	['reɪdɪəʊ rʊm]
onda (f)	wave	[weɪv]
cuaderno (m) de bitácora	logbook	['lɒgbʊk]
anteojo (m)	spyglass	['spaɪglɑːs]
campana (f)	bell	[bel]

bandera (f)	flag	[flæg]
cabo (m) (maroma)	hawser	['hɔːzə(r)]
nudo (m)	knot	[nɒt]

| pasamano (m) | deckrails | ['dekreɪlz] |
| pasarela (f) | gangway | ['gæŋweɪ] |

ancla (f)	anchor	['æŋkə(r)]
levar ancla	to weigh anchor	[tə weɪ 'æŋkə(r)]
echar ancla	to drop anchor	[tə drɒp 'æŋkə(r)]
cadena (f) del ancla	anchor chain	['æŋkə ˌʧeɪn]

puerto (m)	port	[pɔːt]
embarcadero (m)	quay, wharf	[kiː], [wɔːf]
amarrar (vt)	to berth, to moor	[tə bɜːθ], [tə mɔː(r)]
desamarrar (vt)	to cast off	[tə kɑːst ɒf]

viaje (m)	trip	[trɪp]
crucero (m) (viaje)	cruise	[kruːz]
derrota (f) (rumbo)	course	[kɔːs]
itinerario (m)	route	[raʊt]

canal (m) navegable	fairway	['feəweɪ]
bajío (m)	shallows	['ʃæləʊz]
encallar (vi)	to run aground	[tə rʌn ə'graʊnd]

tempestad (f)	storm	[stɔːm]
señal (f)	signal	['sɪgnəl]
hundirse (vr)	to sink (vi)	[tə sɪŋk]
¡Hombre al agua!	Man overboard!	[ˌmæn 'əʊvəbɔːd]
SOS	SOS	[ˌesəʊ'es]
aro (m) salvavidas	ring buoy	[rɪŋ bɔɪ]

108. El aeropuerto

aeropuerto (m)	airport	['eəpɔːt]
avión (m)	airplane	['eəpleɪn]
compañía (f) aérea	airline	['eəlaɪn]
controlador (m) aéreo	air traffic controller	['eə 'træfɪk kən'trəʊlə]

despegue (m)	departure	[dɪ'pɑːʧə(r)]
llegada (f)	arrival	[ə'raɪvəl]
llegar (en avión)	to arrive (vi)	[tə ə'raɪv]

| hora (f) de salida | departure time | [dɪ'pɑːʧə ˌtaɪm] |
| hora (f) de llegada | arrival time | [ə'raɪvəl taɪm] |

| retrasarse (vr) | to be delayed | [tə bi dɪ'leɪd] |
| retraso (m) de vuelo | flight delay | [flaɪt dɪ'leɪ] |

pantalla (f) de información	information board	[ˌɪnfə'meɪʃən bɔːd]
información (f)	information	[ˌɪnfə'meɪʃən]
anunciar (vt)	to announce (vt)	[tə ə'naʊns]
vuelo (m)	flight	[flaɪt]

| aduana (f) | customs | ['kʌstəmz] |
| aduanero (m) | customs officer | ['kʌstəmz 'ɒfɪsə(r)] |

declaración (f) de aduana	customs declaration	['kʌstəmz ˌdeklə'reɪʃən]
rellenar (vt)	to fill out (vt)	[tə fɪl 'aʊt]
rellenar la declaración	to fill out the declaration	[tə fɪl 'aʊt ðə ˌdeklə'reɪʃən]
control (m) de pasaportes	passport control	['pɑːspɔːt kən'trəʊl]

equipaje (m)	luggage	['lʌgɪʤ]
equipaje (m) de mano	hand luggage	['hænd ˌlʌgɪʤ]
carrito (m) de equipaje	luggage cart	['lʌgɪʤ kɑːt]

aterrizaje (m)	landing	['lændɪŋ]
pista (f) de aterrizaje	landing strip	['lændɪŋ strɪp]
aterrizar (vi)	to land (vi)	[tə lænd]
escaleras (f pl) (de avión)	airstairs	[eə'steəz]

facturación (f) (check-in)	check-in	['ʧek ɪn]
mostrador (m) de facturación	check-in counter	[ʧek-'ɪn 'kaʊntə(r)]
hacer el check-in	to check-in (vi)	[tə ʧek ɪn]
tarjeta (f) de embarque	boarding pass	['bɔːdɪŋ pɑːs]
puerta (f) de embarque	departure gate	[dɪ'pɑːʧə ˌgeɪt]

tránsito (m)	transit	['trænsɪt]
esperar (aguardar)	to wait (vt)	[tə weɪt]
zona (f) de preembarque	departure lounge	[dɪ'pɑːʧə laʊnʤ]

Acontecimentos de la vida

109. Los días festivos. Los eventos

fiesta (f)	celebration, holiday	[ˌselɪ'breɪʃən], ['hɒlɪdeɪ]
fiesta (f) nacional	national day	['næʃənəl deɪ]
día (m) de fiesta	public holiday	['pʌblɪk 'hɒlɪdeɪ]
festejar (vt)	to commemorate (vt)	[tə kə'meməˌreɪt]
evento (m)	event	[ɪ'vent]
medida (f)	event	[ɪ'vent]
banquete (m)	banquet	['bæŋkwɪt]
recepción (f)	reception	[rɪ'sepʃən]
festín (m)	feast	[fi:st]
aniversario (m)	anniversary	[ænɪ'vɜ:sərɪ]
jubileo (m)	jubilee	['dʒu:bɪli:]
celebrar (vt)	to celebrate (vt)	[tə 'selɪbreɪt]
Año (m) Nuevo	New Year	[nju: jɪə(r)]
¡Feliz Año Nuevo!	Happy New Year!	['hæpɪ nju: jɪə(r)]
Papá Noel (m)	Santa Claus	['sæntə klɔ:z]
Navidad (f)	Christmas	['krɪsməs]
¡Feliz Navidad!	Merry Christmas!	[ˌmerɪ 'krɪsməs]
árbol (m) de Navidad	Christmas tree	['krɪsməs tri:]
fuegos (m pl) artificiales	fireworks	['faɪəwɜ:ks]
boda (f)	wedding	['wedɪŋ]
novio (m)	groom	[gru:m]
novia (f)	bride	[braɪd]
invitar (vt)	to invite (vt)	[tə ɪn'vaɪt]
tarjeta (f) de invitación	invitation card	[ˌɪnvɪ'teɪʃən kɑ:d]
invitado (m)	guest	[gest]
visitar (vt) (a los amigos)	to visit with ...	[tə 'vɪzɪt wɪð]
recibir a los invitados	to meet the guests	[tə mi:t ðə gests]
regalo (m)	gift, present	[gɪft], ['prezənt]
regalar (vt)	to give (vt)	[tə gɪv]
recibir regalos	to receive gifts	[tə rɪ'si:v gɪfts]
ramo (m) de flores	bouquet	[bʊ'keɪ]
felicitación (f)	congratulations	[kənˌgrætʃʊ'leɪʃənz]
felicitar (vt)	to congratulate (vt)	[tə kən'grætʃʊleɪt]
tarjeta (f) de felicitación	greeting card	['gri:tɪŋ kɑ:d]
enviar una tarjeta	to send a postcard	[tə ˌsend ə 'pəʊstkɑ:d]
recibir una tarjeta	to get a postcard	[tə get ə 'pəʊstkɑ:d]

brindis (m)	toast	[təʊst]
ofrecer (~ una copa)	to offer (vt)	[tə 'ɒfə(r)]
champaña (f)	champagne	[ʃæm'peɪn]

divertirse (vr)	to enjoy oneself	[tə ɪn'dʒɔɪ wʌn'self]
diversión (f)	merriment, gaiety	['merɪmənt], ['geɪətɪ]
alegría (f) (emoción)	joy	[dʒɔɪ]

| baile (m) | dance | [dɑːns] |
| bailar (vi, vt) | to dance (vi, vt) | [tə dɑːns] |

| vals (m) | waltz | [wɔːls] |
| tango (m) | tango | ['tæŋgəʊ] |

110. Los funerales. El entierro

cementerio (m)	cemetery	['semɪtrɪ]
tumba (f)	grave, tomb	[greɪv], [tuːm]
lápida (f)	gravestone	['greɪvstəʊn]
verja (f)	fence	[fens]
capilla (f)	chapel	['ʧæpəl]

muerte (f)	death	[deθ]
morir (vi)	to die (vi)	[tə daɪ]
difunto (m)	the deceased	[ðə dɪ'siːst]
luto (m)	mourning	['mɔːnɪŋ]

enterrar (vt)	to bury (vt)	[tə 'berɪ]
funeraria (f)	funeral home	['fjuːnərəl həʊm]
entierro (m)	funeral	['fjuːnərəl]

corona (f) funeraria	wreath	[riːθ]
ataúd (m)	casket	['kɑːskɪt]
coche (m) fúnebre	hearse	[hɜːs]
mortaja (f)	shroud	[ʃraʊd]

cortejo (m) fúnebre	funeral procession	['fjuːnərəl prə'seʃən]
urna (f) funeraria	funerary urn	['fjuːnərərɪ ˌɜːn]
crematorio (m)	crematory	['kremətəʊrɪ]

necrología (f)	obituary	[ə'bɪʧʊərɪ]
llorar (vi)	to cry (vi)	[tə kraɪ]
sollozar (vi)	to sob (vi)	[tə sɒb]

111. La guerra. Los soldados

sección (f)	platoon	[plə'tuːn]
compañía (f)	company	['kʌmpənɪ]
regimiento (m)	regiment	['redʒɪmənt]
ejército (m)	army	['ɑːmɪ]
división (f)	division	[dɪ'vɪʒən]
destacamento (m)	section, squad	['sekʃən], [skwɒd]

hueste (f)	host	[həʊst]
soldado (m)	soldier	['səʊldʒə(r)]
oficial (m)	officer	['ɒfɪsə(r)]

soldado (m) raso	private	['praɪvɪt]
sargento (m)	sergeant	['sɑːdʒənt]
teniente (m)	lieutenant	[luːˈtenənt]
capitán (m)	captain	['kæptɪn]
mayor (m)	major	['meɪdʒə(r)]
coronel (m)	colonel	['kɜːnəl]
general (m)	general	['dʒenərəl]

marino (m)	sailor	['seɪlə(r)]
capitán (m)	captain	['kæptɪn]
contramaestre (m)	boatswain	['bəʊsən]

artillero (m)	artilleryman	[ɑːˈtɪlərɪmən]
paracaidista (m)	paratrooper	['pærətruːpə(r)]
piloto (m)	pilot	['paɪlət]
navegador (m)	navigator	['nævɪɡeɪtə(r)]
mecánico (m)	mechanic	[mɪˈkænɪk]

zapador (m)	pioneer	[ˌpaɪəˈnɪə(r)]
paracaidista (m)	parachutist	['pærəʃuːtɪst]
explorador (m)	scout	[skaʊt]
francotirador (m)	sniper	['snaɪpə(r)]

patrulla (f)	patrol	[pəˈtrəʊl]
patrullar (vi, vt)	to patrol (vi, vt)	[tə pəˈtrəʊl]
centinela (m)	sentry, guard	['sentrɪ], [ɡɑːd]

guerrero (m)	warrior	['wɒrɪə(r)]
patriota (m)	patriot	['peɪtrɪət]
héroe (m)	hero	['hɪərəʊ]
heroína (f)	heroine	['herəʊɪn]

| traidor (m) | traitor | ['treɪtə(r)] |
| traicionar (vt) | to betray (vt) | [tə bɪˈtreɪ] |

| desertor (m) | deserter | [dɪˈzɜːtə(r)] |
| desertar (vi) | to desert (vi) | [tə dɪˈzɜːt] |

mercenario (m)	mercenary	['mɜːsɪnərɪ]
recluta (m)	recruit	[rɪˈkruːt]
voluntario (m)	volunteer	[ˌvɒlənˈtɪə(r)]

muerto (m)	dead	[ded]
herido (m)	wounded	['wuːndɪd]
prisionero (m)	prisoner of war	['prɪzənə əv wɔː]

112. La guerra. Las maniobras militares. Unidad 1

| guerra (f) | war | [wɔː(r)] |
| estar en guerra | to be at war | [tə bi ət wɔː] |

guerra (f) civil	civil war	['sɪvəl wɔ:]
pérfidamente (adv)	treacherously	['tretʃərəslɪ]
declaración (f) de guerra	declaration of war	[ˌdeklə'reɪʃən əv wɔ:]
declarar (~ la guerra)	to declare (vt)	[tə dɪ'kleə(r)]
agresión (f)	aggression	[ə'greʃən]
atacar (~ a un país)	to attack (vt)	[tə ə'tæk]

invadir (vt)	to invade (vt)	[tu ɪn'veɪd]
invasor (m)	invader	[ɪn'veɪdə(r)]
conquistador (m)	conqueror	['kɒŋkərə(r)]

defensa (f)	defense	[dɪ'fens]
defender (vt)	to defend (vt)	[tə dɪ'fend]
defenderse (vr)	to defend (against ...)	[tə dɪ'fend]

enemigo (m)	enemy, hostile	['enɪmɪ], ['hɒstəl]
adversario (m)	adversary	['ædvəsərɪ]
enemigo (adj)	enemy	['enɪmɪ]

| estrategia (f) | strategy | ['strætɪdʒɪ] |
| táctica (f) | tactics | ['tæktɪks] |

orden (f)	order	['ɔ:də(r)]
comando (m)	command	[kə'mɑ:nd]
ordenar (vt)	to order (vt)	[tə 'ɔ:də(r)]
misión (f)	mission	['mɪʃən]
secreto (adj)	secret	['si:krɪt]

| batalla (f) | battle | ['bætəl] |
| combate (m) | combat | ['kɒmbæt] |

ataque (m)	attack	[ə'tæk]
asalto (m)	charge	[tʃɑ:dʒ]
tomar por asalto	to storm (vt)	[tə stɔ:m]
asedio (m), sitio (m)	siege	[si:dʒ]

| ofensiva (f) | offensive | [ə'fensɪv] |
| tomar la ofensiva | to go on the offensive | [tə gəʊ ɒn ðɪ ə'fensɪv] |

| retirada (f) | retreat | [rɪ'tri:t] |
| retirarse (vr) | to retreat (vi) | [tə rɪ'tri:t] |

| envolvimiento (m) | encirclement | [ɪn'sɜ:kəlmənt] |
| cercar (vt) | to encircle (vt) | [tə ɪn'sɜ:kəl] |

bombardeo (m)	bombing	['bɒmɪŋ]
lanzar una bomba	to drop a bomb	[tə drɒp ə bɒm]
bombear (vt)	to bomb (vt)	[tə bɒm]
explosión (f)	explosion	[ɪk'spləʊʒən]

tiro (m), disparo (m)	shot	[ʃɒt]
disparar (vi)	to fire a shot	[tə ˌfaɪə ə 'ʃɒt]
tiroteo (m)	firing	['faɪərɪŋ]

| apuntar a ... | to aim (vt) | [tə eɪm] |
| encarar (apuntar) | to point (vt) | [tə pɔɪnt] |

alcanzar (el objetivo)	to hit (vt)	[tə hɪt]
hundir (vt)	to sink (vt)	[tə sɪŋk]
brecha (f) (~ en el casco)	hole	[həʊl]
hundirse (vr)	to founder, to sink (vi)	[tə 'faʊndə(r)], [tə sɪŋk]
frente (m)	front	[frʌnt]
evacuación (f)	evacuation	[ɪˌvækju'eɪʃən]
evacuar (vt)	to evacuate (vt)	[tə ɪ'vækjʊeɪt]
trinchera (f)	trench	[trentʃ]
alambre (m) de púas	barbwire	['bɑːbˌwaɪə(r)]
barrera (f) (~ antitanque)	barrier	['bærɪə(r)]
torre (f) de vigilancia	watchtower	['wɒtʃˌtaʊə(r)]
hospital (m)	hospital	['hɒspɪtəl]
herir (vt)	to wound (vt)	[tə wuːnd]
herida (f)	wound	[wuːnd]
herido (m)	wounded	['wuːndɪd]
recibir una herida	to be wounded	[tə bi 'wuːndɪd]
grave (herida)	serious	['sɪərɪəs]

113. La guerra. Las maniobras militares. Unidad 2

cautiverio (m)	captivity	[kæp'tɪvətɪ]
capturar (vt)	to take sb captive	[tə teɪk … 'kæptɪv]
estar en cautiverio	to be held captive	[tə bi held 'kæptɪv]
caer prisionero	to be taken captive	[tə bi 'teɪkən 'kæptɪv]
campo (m) de concentración	concentration camp	[ˌkɒnsən'treɪʃən kæmp]
prisionero (m)	prisoner of war	['prɪzənə əv wɔː]
escapar (de cautiverio)	to escape (vi)	[tə ɪ'skeɪp]
fusilar (vt)	to execute (vt)	[tə 'eksɪkjuːt]
fusilamiento (m)	execution	[ˌeksɪ'kjuːʃən]
equipo (m) (uniforme, etc.)	equipment	[ɪ'kwɪpmənt]
hombrera (f)	shoulder board	['ʃəʊldə bɔːd]
máscara (f) antigás	gas mask	['gæs mɑːsk]
radio transmisor (m)	field radio	[fiːld 'reɪdɪəʊ]
cifra (f) (código)	cipher, code	['saɪfə(r)], [kəʊd]
conspiración (f)	secrecy	['siːkrəsɪ]
contraseña (f)	password	['pɑːswɜːd]
mina (f) terrestre	land mine	[lænd maɪn]
minar (poner minas)	to mine (vt)	[tə maɪn]
campo (m) minado	minefield	['maɪnfiːld]
alarma (f) aérea	air-raid warning	[eə reɪd 'wɔːnɪŋ]
alarma (f)	alarm	[ə'lɑːm]
señal (f)	signal	['sɪgnəl]
cohete (m) de señales	signal flare	['sɪgnəl fleə(r)]
estado (m) mayor	headquarters	[ˌhed'kwɔːtəz]
reconocimiento (m)	reconnaissance	[rɪ'kɒnɪsəns]

situación (f)	situation	[ˌsɪtjuˈeɪʃən]
informe (m)	report	[rɪˈpɔːt]
emboscada (f)	ambush	[ˈæmbuʃ]
refuerzo (m)	reinforcement	[ˌriːɪnˈfɔːsmənt]

blanco (m)	target	[ˈtɑːgɪt]
terreno (m) de prueba	proving ground	[ˈpruːvɪŋ graund]
maniobras (f pl)	military exercise	[ˈmɪlɪtərɪ ˈeksəsaɪz]

pánico (m)	panic	[ˈpænɪk]
devastación (f)	devastation	[ˌdevəˈsteɪʃən]
destrucciones (f pl)	destruction, ruins	[dɪˈstrʌkʃən], [ˈruːɪnz]
destruir (vt)	to destroy (vt)	[tə dɪˈstrɔɪ]

sobrevivir (vi, vt)	to survive (vi, vt)	[tə səˈvaɪv]
desarmar (vt)	to disarm (vt)	[tə dɪsˈɑːm]
manejar (un arma)	to handle (vt)	[tə ˈhændəl]

| ¡Firmes! | Attention! | [əˈtenʃən] |
| ¡Descanso! | At ease! | [ət ˈiːz] |

hazaña (f)	act of courage	[ækt əv ˈkʌrɪdʒ]
juramento (m)	oath	[əuθ]
jurar (vt)	to swear (vi, vt)	[tə sweə(r)]

condecoración (f)	decoration	[ˌdekəˈreɪʃən]
condecorar (vt)	to award (vt)	[tə əˈwɔːd]
medalla (f)	medal	[ˈmedəl]
orden (f) (~ de Merito)	order	[ˈɔːdə(r)]

victoria (f)	victory	[ˈvɪktərɪ]
derrota (f)	defeat	[dɪˈfiːt]
armisticio (m)	armistice	[ˈɑːmɪstɪs]

bandera (f)	standard	[ˈstændəd]
gloria (f)	glory	[ˈglɔːrɪ]
desfile (m) militar	parade	[pəˈreɪd]
marchar (desfilar)	to march (vi)	[tə mɑːtʃ]

114. Las armas

arma (f)	weapons	[ˈwepənz]
arma (f) de fuego	firearms	[ˈfaɪərɑːmz]
arma (f) blanca	cold weapons	[ˌkəuld ˈwepənz]

arma (f) química	chemical weapons	[ˈkemɪkəl ˈwepənz]
nuclear (adj)	nuclear	[ˈnjuːklɪə(r)]
arma (f) nuclear	nuclear weapons	[ˈnjuːklɪə ˈwepənz]

| bomba (f) | bomb | [bɒm] |
| bomba (f) atómica | atomic bomb | [əˈtɒmɪk bɒm] |

| pistola (f) | pistol | [ˈpɪstəl] |
| fusil (m) | rifle | [ˈraɪfəl] |

metralleta (f)	submachine gun	[ˌsʌbməˈʃiːn gʌn]
ametralladora (f)	machine gun	[məˈʃiːn gʌn]
boca (f)	muzzle	[ˈmʌzəl]
cañón (m) (del arma)	barrel	[ˈbærəl]
calibre (m)	caliber	[ˈkælɪbə(r)]
gatillo (m)	trigger	[ˈtrɪgə(r)]
alza (f)	sight	[saɪt]
cargador (m)	magazine	[ˌmægəˈziːn]
culata (f)	butt	[bʌt]
granada (f) de mano	hand grenade	[hænd grəˈneɪd]
explosivo (m)	explosive	[ɪkˈspləʊsɪv]
bala (f)	bullet	[ˈbʊlɪt]
cartucho (m)	cartridge	[ˈkɑːtrɪdʒ]
carga (f)	charge	[tʃɑːdʒ]
pertrechos (m pl)	ammunition	[ˌæmjʊˈnɪʃən]
bombardero (m)	bomber	[ˈbɒmə(r)]
avión (m) de caza	fighter	[ˈfaɪtə(r)]
helicóptero (m)	helicopter	[ˈhelɪkɒptə(r)]
antiaéreo (m)	anti-aircraft gun	[ˈæntɪ ˈeəkrɑːft gʌn]
tanque (m)	tank	[tæŋk]
cañón (m) (de un tanque)	tank gun	[ˈtæŋk ˌgʌn]
artillería (f)	artillery	[ɑːˈtɪlərɪ]
cañón (m) (arma)	cannon	[ˈkænən]
obús (m)	shell	[ʃel]
bomba (f) de mortero	mortar bomb	[ˈmɔːtə bɒm]
mortero (m)	mortar	[ˈmɔːtə(r)]
trozo (m) de obús	splinter	[ˈsplɪntə(r)]
submarino (m)	submarine	[ˌsʌbməˈriːn]
torpedo (m)	torpedo	[tɔːˈpiːdəʊ]
misil (m)	missile	[ˈmɪsəl]
cargar (pistola)	to load (vt)	[tə ləʊd]
tirar (vi)	to shoot (vi)	[tə ʃuːt]
apuntar a ...	to take aim at ...	[tə teɪk eɪm ət]
bayoneta (f)	bayonet	[ˈbeɪənɪt]
espada (f) (duelo a ~)	rapier	[ˈreɪpjə(r)]
sable (m)	saber	[ˈseɪbə(r)]
lanza (f)	spear	[spɪə(r)]
arco (m)	bow	[bəʊ]
flecha (f)	arrow	[ˈærəʊ]
mosquete (m)	musket	[ˈmʌskɪt]
ballesta (f)	crossbow	[ˈkrɒsbəʊ]

115. Los pueblos antiguos

primitivo (adj)	primitive	['prɪmɪtɪv]
prehistórico (adj)	prehistoric	[ˌpri:hɪ'stɒrɪk]
antiguo (adj)	ancient	['eɪnʃənt]
Edad (f) de Piedra	Stone Age	[ˌstəʊn 'eɪdʒ]
Edad (f) de Bronce	Bronze Age	['brɒnz ˌeɪdʒ]
Edad (f) de Hielo	Ice Age	['aɪs ˌeɪdʒ]
tribu (f)	tribe	[traɪb]
caníbal (m)	cannibal	['kænɪbəl]
cazador (m)	hunter	['hʌntə(r)]
cazar (vi, vt)	to hunt (vi, vt)	[tə hʌnt]
mamut (m)	mammoth	['mæməθ]
caverna (f)	cave	[keɪv]
fuego (m)	fire	['faɪə(r)]
hoguera (f)	campfire	['kæmpˌfaɪə(r)]
pintura (f) rupestre	cave painting	[keɪv 'peɪntɪŋ]
útil (m)	tool	[tu:l]
lanza (f)	spear	[spɪə(r)]
hacha (f) de piedra	stone ax	[stəʊn æks]
estar en guerra	to be at war	[tə bi ət wɔ:]
domesticar (vt)	to domesticate (vt)	[tə də'mestɪkeɪt]
ídolo (m)	idol	['aɪdəl]
adorar (vt)	to worship (vt)	[tə 'wɜ:ʃɪp]
superstición (f)	superstition	[ˌsu:pə'stɪʃən]
rito (m)	rite	[raɪt]
evolución (f)	evolution	[ˌi:və'lu:ʃən]
desarrollo (m)	development	[dɪ'veləpmənt]
desaparición (f)	disappearance	[ˌdɪsə'pɪərəns]
adaptarse (vr)	to adapt oneself	[tə ə'dæpt wʌn'self]
arqueología (f)	archeology	[ˌɑ:kɪ'ɒlədʒɪ]
arqueólogo (m)	archeologist	[ˌɑ:kɪ'ɒlədʒɪst]
arqueológico (adj)	archeological	[ˌɑ:kɪə'lɒdʒɪkəl]
sitio (m) de excavación	excavation site	[ˌekskə'veɪʃən saɪt]
excavaciones (f pl)	excavations	[ˌekskə'veɪʃənz]
hallazgo (m)	find	[faɪnd]
fragmento (m)	fragment	['frægmənt]

116. La edad media

pueblo (m)	people	['pi:pəl]
pueblos (m pl)	peoples	['pi:pəlz]
tribu (f)	tribe	[traɪb]
tribus (f pl)	tribes	[traɪbz]
bárbaros (m pl)	barbarians	[bɑ:'beərɪənz]

galos (m pl)	**Gauls**	[gɔ:lz]
godos (m pl)	**Goths**	[gɒθs]
eslavos (m pl)	**Slavs**	[slɑ:vz]
vikingos (m pl)	**Vikings**	['vaɪkɪŋz]
romanos (m pl)	**Romans**	['rəʊmənz]
romano (adj)	**Roman**	['rəʊmən]
bizantinos (m pl)	**Byzantines**	['bɪzənti:nz]
Bizancio (m)	**Byzantium**	[bɪ'zæntɪəm]
bizantino (adj)	**Byzantine**	['bɪzənti:n]
emperador (m)	**emperor**	['empərə(r)]
jefe (m)	**leader, chief**	['li:də], [tʃi:f]
poderoso (adj)	**powerful**	['paʊəfʊl]
rey (m)	**king**	[kɪŋ]
gobernador (m)	**ruler**	['ru:lə(r)]
caballero (m)	**knight**	[naɪt]
señor (m) feudal	**feudal lord**	['fju:dəl lɔ:d]
feudal (adj)	**feudal**	['fju:dəl]
vasallo (m)	**vassal**	['væsəl]
duque (m)	**duke**	[du:k]
conde (m)	**earl**	[ɜ:l]
barón (m)	**baron**	['bærən]
obispo (m)	**bishop**	['bɪʃəp]
armadura (f)	**armor**	['ɑ:mə(r)]
escudo (m)	**shield**	[ʃi:ld]
espada (f) (danza de ~s)	**sword**	[sɔ:d]
visera (f)	**visor**	['vaɪzə(r)]
cota (f) de malla	**chainmail**	[tʃeɪn meɪl]
cruzada (f)	**Crusade**	[kru:'seɪd]
cruzado (m)	**crusader**	[kru:'seɪdə(r)]
territorio (m)	**territory**	['terətrɪ]
atacar (~ a un país)	**to attack** (vt)	[tə ə'tæk]
conquistar (vt)	**to conquer** (vt)	[tə 'kɒŋkə(r)]
ocupar (invadir)	**to occupy** (vt)	[tə 'ɒkjʊpaɪ]
asedio (m), sitio (m)	**siege**	[si:dʒ]
sitiado (adj)	**besieged**	[bɪ'si:dʒd]
asediar, sitiar (vt)	**to besiege** (vt)	[tə bɪ'si:dʒ]
inquisición (f)	**inquisition**	[ˌɪnkwɪ'zɪʃən]
inquisidor (m)	**inquisitor**	[ɪn'kwɪzɪtə(r)]
tortura (f)	**torture**	['tɔ:tʃə(r)]
cruel (adj)	**cruel**	[krʊəl]
hereje (m)	**heretic**	['herətɪk]
herejía (f)	**heresy**	['herəsɪ]
navegación (f) marítima	**seafaring**	['si:ˌfeərɪŋ]
pirata (m)	**pirate**	['paɪrət]
piratería (f)	**piracy**	['paɪrəsɪ]

abordaje (m)	boarding	['bɔ:dɪŋ]
botín (m)	loot	[lu:t]
tesoros (m pl)	treasures	['treʒəz]

descubrimiento (m)	discovery	[dɪ'skʌvərɪ]
descubrir (tierras nuevas)	to discover (vt)	[tə dɪ'skʌvə(r)]
expedición (f)	expedition	[ˌekspɪ'dɪʃən]

mosquetero (m)	musketeer	[ˌmʌskɪ'tɪə(r)]
cardenal (m)	cardinal	['kɑ:dɪnəl]
heráldica (f)	heraldry	['herəldrɪ]
heráldico (adj)	heraldic	[he'rældɪk]

117. El líder. El jefe. Las autoridades

rey (m)	king	[kɪŋ]
reina (f)	queen	[kwi:n]
real (adj)	royal	['rɔɪəl]
reino (m)	kingdom	['kɪŋdəm]

| príncipe (m) | prince | [prɪns] |
| princesa (f) | princess | [prɪn'ses] |

presidente (m)	president	['prezɪdənt]
vicepresidente (m)	vice-president	[vaɪs 'prezɪdənt]
senador (m)	senator	['senətə(r)]

monarca (m)	monarch	['mɒnək]
gobernador (m)	ruler	['ru:lə(r)]
dictador (m)	dictator	[dɪk'teɪtə(r)]
tirano (m)	tyrant	['taɪrənt]
magnate (m)	magnate	['mægneɪt]

director (m)	director	[dɪ'rektə(r)]
jefe (m)	chief	[tʃi:f]
gerente (m)	manager	['mænɪdʒə(r)]
amo (m)	boss	[bɒs]
dueño (m)	owner	['əʊnə(r)]

jefe (m), líder (m)	leader	['li:də(r)]
jefe (m) (~ de delegación)	head	[hed]
autoridades (f pl)	authorities	[ɔ:'θɒrətɪz]
superiores (m pl)	superiors	[su:'pɪərɪərz]

gobernador (m)	governor	['gʌvənə(r)]
cónsul (m)	consul	['kɒnsəl]
diplomático (m)	diplomat	['dɪpləmæt]
alcalde (m)	mayor	[meə(r)]
sheriff (m)	sheriff	['ʃerɪf]

emperador (m)	emperor	['empərə(r)]
zar (m)	tsar	[zɑ:(r)]
faraón (m)	pharaoh	['feərəʊ]
jan (m), kan (m)	khan	[kɑ:n]

118. Violar la ley. Los criminales. Unidad 1

bandido (m)	bandit	['bændɪt]
crimen (m)	crime	[kraɪm]
criminal (m)	criminal	['krɪmɪnəl]
ladrón (m)	thief	[θi:f]
robar (vt)	to steal (vt)	[tə sti:l]
robo (m) (actividad)	stealing	['sti:lɪŋ]
robo (m) (hurto)	theft	[θeft]
secuestrar (vt)	to kidnap (vt)	[tə 'kɪdnæp]
secuestro (m)	kidnapping	['kɪdnæpɪŋ]
secuestrador (m)	kidnapper	['kɪdnæpə(r)]
rescate (m)	ransom	['rænsəm]
exigir un rescate	to demand ransom	[tə dɪ'mɑ:nd 'rænsəm]
robar (vt)	to rob (vt)	[tə rɒb]
robo (m)	robbery	['rɒbərɪ]
atracador (m)	robber	['rɒbə(r)]
extorsionar (vt)	to extort (vt)	[tə ɪk'stɔ:t]
extorsionista (m)	extortionist	[ɪk'stɔ:ʃənɪst]
extorsión (f)	extortion	[ɪk'stɔ:ʃən]
matar, asesinar (vt)	to murder, to kill	[tə 'mɜ:də(r)], [tə kɪl]
asesinato (m)	murder	['mɜ:də(r)]
asesino (m)	murderer	['mɜ:dərə(r)]
tiro (m), disparo (m)	gunshot	['gʌnʃɒt]
disparar (vi)	to fire a shot	[tə ˌfaɪə ə 'ʃɒt]
matar (a tiros)	to shoot to death	[tə ʃu:t tə deθ]
tirar (vi)	to shoot (vi)	[tə ʃu:t]
tiroteo (m)	shooting	['ʃu:tɪŋ]
incidente (m)	incident	['ɪnsɪdənt]
pelea (f)	fight, brawl	[faɪt], [brɔ:l]
¡Socorro!	Help!	[help]
víctima (f)	victim	['vɪktɪm]
perjudicar (vt)	to damage (vt)	[tə 'dæmɪdʒ]
daño (m)	damage	['dæmɪdʒ]
cadáver (m)	dead body, corpse	[ded 'bɒdɪ], [kɔ:ps]
grave (un delito ~)	grave	[greɪv]
atacar (vt)	to attack (vt)	[tə ə'tæk]
pegar (golpear)	to beat (vt)	[tə bi:t]
apporear (vt)	to beat ... up	[tə bi:t ... ʌp]
quitar (robar)	to take (vt)	[tə teɪk]
acuchillar (vt)	to stab to death	[tə stæb tə deθ]
mutilar (vt)	to maim (vt)	[tə meɪm]
herir (vt)	to wound (vt)	[tə wu:nd]
chantaje (m)	blackmail	['blækˌmeɪl]
hacer chantaje	to blackmail (vt)	[tə 'blækˌmeɪl]

chantajista (m)	blackmailer	['blæk͵meɪlə(r)]
extorsión (f)	protection racket	[prə'tekʃən 'rækɪt]
extorsionador (m)	racketeer	[͵rækə'tɪə(r)]
gángster (m)	gangster	['gæŋstə(r)]
mafia (f)	mafia, Mob	['mæfɪə], [mɒb]

carterista (m)	pickpocket	['pɪk͵pɒkɪt]
ladrón (m) de viviendas	burglar	['bɜ:glə]
contrabandismo (m)	smuggling	['smʌglɪŋ]
contrabandista (m)	smuggler	['smʌglə(r)]

falsificación (f)	forgery	['fɔ:dʒərɪ]
falsificar (vt)	to forge (vt)	[tə fɔ:dʒ]
falso (falsificado)	fake, forged	[feɪk], [fɔ:dʒd]

119. Violar la ley. Los criminales. Unidad 2

violación (f)	rape	[reɪp]
violar (vt)	to rape (vt)	[tə reɪp]
violador (m)	rapist	['reɪpɪst]
maníaco (m)	maniac	['meɪnɪæk]

prostituta (f)	prostitute	['prɒstɪtju:t]
prostitución (f)	prostitution	[͵prɒstɪ'tju:ʃən]
chulo (m), proxeneta (m)	pimp	[pɪmp]

| drogadicto (m) | drug addict | ['drʌg͵ædɪkt] |
| narcotraficante (m) | drug dealer | ['drʌg ͵di:lə(r)] |

hacer explotar	to blow up (vt)	[tə bləʊ ʌp]
explosión (f)	explosion	[ɪk'spləʊʒən]
incendiar (vt)	to set fire	[tə set 'faɪə(r)]
incendiario (m)	arsonist	['ɑ:sənɪst]

terrorismo (m)	terrorism	['terərɪzəm]
terrorista (m)	terrorist	['terərɪst]
rehén (m)	hostage	['hɒstɪdʒ]

estafar (vt)	to swindle (vt)	[tə 'swɪndəl]
estafa (f)	swindle, deception	['swɪndəl], [dɪ'sepʃən]
estafador (m)	swindler	['swɪndlə(r)]

sobornar (vt)	to bribe (vt)	[tə braɪb]
soborno (m) (delito)	bribery	['braɪbərɪ]
soborno (m) (dinero, etc.)	bribe	[braɪb]

veneno (m)	poison	['pɔɪzən]
envenenar (vt)	to poison (vt)	[tə 'pɔɪzən]
envenenarse (vr)	to poison oneself	[tə 'pɔɪzən wʌn'self]

suicidio (m)	suicide	['su:ɪsaɪd]
suicida (m, f)	suicide	['su:ɪsaɪd]
amenazar (vt)	to threaten (vt)	[tə 'θretən]
amenaza (f)	threat	[θret]

| atentar (vi) | to make an attempt | [tə meɪk ən ə'tempt] |
| atentado (m) | attempt | [ə'tempt] |

| robar (un coche) | to steal (vt) | [tə sti:l] |
| secuestrar (un avión) | to hijack (vt) | [tə 'haɪdʒæk] |

| venganza (f) | revenge | [rɪ'vendʒ] |
| vengar (vt) | to avenge (vt) | [tə ə'vendʒ] |

torturar (vt)	to torture (vt)	[tə 'tɔ:tʃə(r)]
tortura (f)	torture	['tɔ:tʃə(r)]
atormentar (vt)	to torment (vt)	[tə tɔ:'ment]

pirata (m)	pirate	['paɪrət]
gamberro (m)	hooligan	['hu:lɪgən]
armado (adj)	armed	[ɑ:md]
violencia (f)	violence	['vaɪələns]
ilegal (adj)	illegal	[ɪ'li:gəl]

| espionaje (m) | spying, espionage | ['spaɪɪŋ], ['espɪəˌnɑ:ʒ] |
| espiar (vi, vt) | to spy (vi) | [tə spaɪ] |

120. La policía. La ley. Unidad 1

| justicia (f) | justice | ['dʒʌstɪs] |
| tribunal (m) | court | [kɔ:t] |

juez (m)	judge	[dʒʌdʒ]
jurados (m pl)	jurors	['dʒʊərəz]
tribunal (m) de jurados	jury trial	['dʒʊərɪ 'traɪəl]
juzgar (vt)	to judge (vt)	[tə dʒʌdʒ]

abogado (m)	lawyer, attorney	['lɔ:jə(r)], [ə'tɜ:nɪ]
acusado (m)	defendant	[dɪ'fendənt]
banquillo (m) de los acusados	dock	[dɒk]

| inculpación (f) | charge | [tʃɑ:dʒ] |
| inculpado (m) | accused | [ə'kju:zd] |

| sentencia (f) | sentence | ['sentəns] |
| sentenciar (vt) | to sentence (vt) | [tə 'sentəns] |

| castigar (vt) | to punish (vt) | [tə 'pʌnɪʃ] |
| castigo (m) | punishment | ['pʌnɪʃmənt] |

multa (f)	fine	[faɪn]
cadena (f) perpetua	life imprisonment	[laɪf ɪm'prɪzənmənt]
pena (f) de muerte	death penalty	['deθ ˌpenəltɪ]
silla (f) eléctrica	electric chair	[ɪ'lektrɪk 'tʃeə(r)]
horca (f)	gallows	['gæləʊz]

ejecutar (vt)	to execute (vt)	[tə 'eksɪkju:t]
ejecución (f)	execution	[ˌeksɪ'kju:ʃən]
prisión (f)	prison, jail	['prɪzən], [dʒeɪl]

celda (f)	cell	[sel]
escolta (f)	escort	['eskɔːt]
guardia (m) de prisiones	prison guard	['prɪzən gɑːd]
prisionero (m)	prisoner	['prɪzənə(r)]

| esposas (f pl) | handcuffs | ['hændkʌfs] |
| esposar (vt) | to handcuff (vt) | [tə 'hændkʌf] |

escape (m)	prison break	['prɪzən breɪk]
escaparse (vr)	to break out (vi)	[tə breɪk 'aʊt]
desaparecer (vi)	to disappear (vi)	[tə ˌdɪsə'pɪə(r)]
liberar (vt)	to release (vt)	[tə rɪ'liːs]
amnistía (f)	amnesty	['æmnəstɪ]

policía (f) (~ nacional)	police	[pə'liːs]
policía (m)	police officer	[pə'liːs 'ɒfɪsə(r)]
comisaría (f) de policía	police station	[pə'liːs 'steɪʃən]
porra (f)	billy club	['bɪlɪ klʌb]
megáfono (m)	bullhorn	['bʊlhɔːn]

coche (m) patrulla	patrol car	[pə'trəʊl kɑː(r)]
sirena (f)	siren	['saɪərən]
poner la sirena	to turn on the siren	[tə tɜːn ˌɒn ðə 'saɪərən]
canto (m) de la sirena	siren call	['saɪərən kɔːl]

escena (f) del delito	crime scene	[kraɪm siːn]
testigo (m)	witness	['wɪtnɪs]
libertad (f)	freedom	['friːdəm]
cómplice (m)	accomplice	[ə'kʌmplɪs]
rastro (m)	trace	[treɪs]

121. La policía. La ley. Unidad 2

búsqueda (f)	search	[sɜːʧ]
buscar (~ el criminal)	to look for ...	[tə lʊk fɔː(r)]
sospecha (f)	suspicion	[sə'spɪʃən]
sospechoso (adj)	suspicious	[sə'spɪʃəs]
parar (~ en la calle)	to stop (vt)	[tə stɒp]
retener (vt)	to detain (vt)	[tə dɪ'teɪn]

causa (f) (~ penal)	case	[keɪs]
investigación (f)	investigation	[ɪnˌvestɪ'geɪʃən]
detective (m)	detective	[dɪ'tektɪv]
investigador (m)	investigator	[ɪn'vestɪˌgeɪtə(r)]
versión (f)	hypothesis	[haɪ'pɒθɪsɪs]

motivo (m)	motive	['məʊtɪv]
interrogatorio (m)	interrogation	[ɪnˌterə'geɪʃən]
interrogar (vt)	to interrogate (vt)	[tə ɪn'terəgeɪt]
interrogar (al testigo)	to question (vt)	[tə 'kwesʧən]
control (m) (de vehículos, etc.)	check	[ʧek]

| redada (f) | round-up | [raʊndʌp] |
| registro (m) (~ de la casa) | search | [sɜːʧ] |

persecución (f)	**chase**	[ʧeɪs]
perseguir (vt)	**to pursue, to chase**	[tə pə'sju:], [tə ʧeɪs]
rastrear (~ al criminal)	**to track** (vt)	[tə træk]

arresto (m)	**arrest**	[ə'rest]
arrestar (vt)	**to arrest** (vt)	[tə ə'rest]
capturar (vt)	**to catch** (vt)	[tə kæʧ]
captura (f)	**capture**	['kæpʧə(r)]

documento (m)	**document**	['dɒkjʊmənt]
prueba (f)	**proof**	[pru:f]
probar (vt)	**to prove** (vt)	[tə pru:v]
huella (f) (pisada)	**footprint**	['fʊtprɪnt]
huellas (f pl) digitales	**fingerprints**	['fɪŋgəprɪnts]
elemento (m) de prueba	**piece of evidence**	[pi:s ɒf 'evɪdəns]

coartada (f)	**alibi**	['ælɪbaɪ]
inocente (no culpable)	**innocent**	['ɪnəsənt]
injusticia (f)	**injustice**	[ɪn'dʒʌstɪs]
injusto (adj)	**unjust, unfair**	[ˌʌn'dʒʌst], [ˌʌn'feə(r)]

criminal (adj)	**criminal**	['krɪmɪnəl]
confiscar (vt)	**to confiscate** (vt)	[tə 'kɒnfɪskeɪt]
narcótico (f)	**drug**	[drʌg]
arma (f)	**weapon, gun**	['wepən], [gʌn]
desarmar (vt)	**to disarm** (vt)	[tə dɪs'ɑ:m]
ordenar (vt)	**to order** (vt)	[tə 'ɔ:də(r)]
desaparecer (vi)	**to disappear** (vi)	[tə ˌdɪsə'pɪə(r)]

ley (f)	**law**	[lɔ:]
legal (adj)	**legal, lawful**	['li:gəl], ['lɔ:fʊl]
ilegal (adj)	**illegal, illicit**	[ɪ'li:gəl], [ɪ'lɪsɪt]

responsabilidad (f)	**responsibility**	[rɪˌspɒnsə'bɪlɪtɪ]
responsable (adj)	**responsible**	[rɪ'spɒnsəbəl]

LA NATURALEZA

La tierra. Unidad 1

122. El espacio

cosmos (m)	space	[speɪs]
espacial, cósmico (adj)	space	[speɪs]
espacio (m) cósmico	outer space	['aʊtə speɪs]
mundo (m)	world	[wɜːld]
universo (m)	universe	['juːnɪvɜːs]
galaxia (f)	galaxy	['gæləksɪ]
estrella (f)	star	[stɑː(r)]
constelación (f)	constellation	[ˌkɒnstə'leɪʃən]
planeta (m)	planet	['plænɪt]
satélite (m)	satellite	['sætəlaɪt]
meteorito (m)	meteorite	['miːtjəraɪt]
cometa (f)	comet	['kɒmɪt]
asteroide (m)	asteroid	['æstərɔɪd]
órbita (f)	orbit	['ɔːbɪt]
girar (vi)	to rotate (vi)	[tə rəʊ'teɪt]
atmósfera (f)	atmosphere	['ætməˌsfɪə(r)]
Sol (m)	the Sun	[ðə sʌn]
Sistema (m) Solar	solar system	['səʊlə 'sɪstəm]
eclipse (m) de Sol	solar eclipse	['səʊlə ɪ'klɪps]
Tierra (f)	the Earth	[ðɪ ɜːθ]
Luna (f)	the Moon	[ðə muːn]
Marte (m)	Mars	[mɑːz]
Venus (f)	Venus	['viːnəs]
Júpiter (m)	Jupiter	['dʒuːpɪtə(r)]
Saturno (m)	Saturn	['sætən]
Mercurio (m)	Mercury	['mɜːkjʊrɪ]
Urano (m)	Uranus	['jʊərənəs]
Neptuno (m)	Neptune	['neptjuːn]
Plutón (m)	Pluto	['pluːtəʊ]
la Vía Láctea	Milky Way	['mɪlkɪ weɪ]
la Osa Mayor	Great Bear	[greɪt beə(r)]
la Estrella Polar	North Star	[nɔːθ stɑː(r)]
marciano (m)	Martian	['mɑːʃən]
extraterrestre (m)	extraterrestrial	[ˌekstrətə'restrɪəl]

| planetícola (m) | alien | ['eɪljən] |
| platillo (m) volante | flying saucer | ['flaɪɪŋ 'sɔ:sə(r)] |

nave (f) espacial	spaceship	['speɪsʃɪp]
estación (f) orbital	space station	[speɪs 'steɪʃən]
despegue (m)	blast-off	[blɑ:st ɒf]

motor (m)	engine	['endʒɪn]
tobera (f)	nozzle	['nɒzəl]
combustible (m)	fuel	[fjʊəl]

carlinga (f)	cockpit	['kɒkpɪt]
antena (f)	antenna	[æn'tenə]
ventana (f)	porthole	['pɔ:thəʊl]
batería (f) solar	solar panel	['səʊlə 'pænəl]
escafandra (f)	spacesuit	['speɪssu:t]

| ingravidez (f) | weightlessness | ['weɪtlɪsnɪs] |
| oxígeno (m) | oxygen | ['ɒksɪdʒən] |

| atraque (m) | docking | ['dɒkɪŋ] |
| realizar el atraque | to dock (vi, vt) | [tə dɒk] |

observatorio (m)	observatory	[əb'zɜ:vətrɪ]
telescopio (m)	telescope	['telɪskəʊp]
observar (vt)	to observe (vt)	[tə əb'zɜ:v]
explorar (~ el universo)	to explore (vt)	[tə ɪk'splɔ:(r)]

123. La tierra

Tierra (f)	the Earth	[ðɪ ɜ:θ]
globo (m) terrestre	the globe	[ðɪ gləʊb]
planeta (m)	planet	['plænɪt]

atmósfera (f)	atmosphere	['ætməˌsfɪə(r)]
geografía (f)	geography	[dʒɪ'ɒgrəfɪ]
naturaleza (f)	nature	['neɪtʃə(r)]

globo (m) terráqueo	globe	[gləʊb]
mapa (m)	map	[mæp]
atlas (m)	atlas	['ætləs]

| Europa (f) | Europe | ['jʊərəp] |
| Asia (f) | Asia | ['eɪʒə] |

| África (f) | Africa | ['æfrɪkə] |
| Australia (f) | Australia | [ɒ'streɪljə] |

América (f)	America	[ə'merɪkə]
América (f) del Norte	North America	[nɔ:θ ə'merɪkə]
América (f) del Sur	South America	[saʊθ ə'merɪkə]

| Antártida (f) | Antarctica | [ænt'ɑ:ktɪkə] |
| Ártico (m) | the Arctic | [ðə 'ɑrktɪk] |

124. Los puntos cardinales

norte (m)	north	[nɔ:θ]
al norte	to the north	[tə ðə nɔ:θ]
en el norte	in the north	[ɪn ðə nɔ:θ]
del norte (adj)	northern	['nɔ:ðən]
sur (m)	south	[saʊθ]
al sur	to the south	[tə ðə saʊθ]
en el sur	in the south	[ɪn ðə saʊθ]
del sur (adj)	southern	['sʌðən]
oeste (m)	west	[west]
al oeste	to the west	[tə ðə west]
en el oeste	in the west	[ɪn ðə west]
del oeste (adj)	western	['westən]
este (m)	east	[i:st]
al este	to the east	[tə ðɪ i:st]
en el este	in the east	[ɪn ðɪ i:st]
del este (adj)	eastern	['i:stən]

125. El mar. El océano

mar (m)	sea	[si:]
océano (m)	ocean	['əʊʃən]
golfo (m)	gulf	[gʌlf]
estrecho (m)	straits	[streɪts]
tierra (f) firme	land	[lænd]
continente (m)	continent	['kɒntɪnənt]
isla (f)	island	['aɪlənd]
península (f)	peninsula	[pə'nɪnsjʊlə]
archipiélago (m)	archipelago	[ˌɑ:kɪ'pelɪgəʊ]
bahía (f)	bay	[beɪ]
puerto (m)	harbor	['hɑ:bə(r)]
laguna (f)	lagoon	[lə'gu:n]
cabo (m)	cape	[keɪp]
atolón (m)	atoll	['ætɒl]
arrecife (m)	reef	[ri:f]
coral (m)	coral	['kɒrəl]
arrecife (m) de coral	coral reef	['kɒrəl ri:f]
profundo (adj)	deep	[di:p]
profundidad (f)	depth	[depθ]
abismo (m)	abyss	[ə'bɪs]
fosa (f) oceánica	trench	[trentʃ]
corriente (f)	current	['kʌrənt]
bañar (rodear)	to surround (vt)	[tə sə'raʊnd]
orilla (f)	shore	[ʃɔ:(r)]

costa (f)	coast	[kəʊst]
flujo (m)	flow	[fləʊ]
reflujo (m)	ebb	[eb]
banco (m) de arena	shoal	[ʃəʊl]
fondo (m)	bottom	['bɒtəm]
ola (f)	wave	[weɪv]
cresta (f) de la ola	crest	[krest]
espuma (f)	foam, spume	[fəʊm], [spju:m]
tempestad (f)	storm	[stɔ:m]
huracán (m)	hurricane	['hʌrɪkən]
tsunami (m)	tsunami	[tsu:'nɑ:mɪ]
bonanza (f)	calm	[kɑ:m]
calmo, tranquilo	quiet, calm	['kwaɪət], [kɑ:m]
polo (m)	pole	[pəʊl]
polar (adj)	polar	['pəʊlə(r)]
latitud (f)	latitude	['lætɪtju:d]
longitud (f)	longitude	['lɒndʒɪtju:d]
paralelo (m)	parallel	['pærəlel]
ecuador (m)	equator	[ɪ'kweɪtə(r)]
cielo (m)	sky	[skaɪ]
horizonte (m)	horizon	[hə'raɪzən]
aire (m)	air	[eə]
faro (m)	lighthouse	['laɪthaʊs]
bucear (vi)	to dive (vi)	[tə daɪv]
hundirse (vr)	to sink (vi)	[tə sɪŋk]
tesoros (m pl)	treasures	['treʒəz]

126. Los nombres de los mares y los océanos

océano (m) Atlántico	Atlantic Ocean	[ət'læntɪk 'əʊʃən]
océano (m) Índico	Indian Ocean	['ɪndɪən 'əʊʃən]
océano (m) Pacífico	Pacific Ocean	[pə'sɪfɪk 'əʊʃən]
océano (m) Glacial Ártico	Arctic Ocean	['ɑrktɪk 'əʊʃən]
mar (m) Negro	Black Sea	[blæk si:]
mar (m) Rojo	Red Sea	[red si:]
mar (m) Amarillo	Yellow Sea	[jeləʊ 'si:]
mar (m) Blanco	White Sea	[waɪt si:]
mar (m) Caspio	Caspian Sea	['kæspɪən si:]
mar (m) Muerto	Dead Sea	[ˌded 'si:]
mar (m) Mediterráneo	Mediterranean Sea	[ˌmedɪtə'reɪnɪən si:]
mar (m) Egeo	Aegean Sea	[i:'dʒi:ən si:]
mar (m) Adriático	Adriatic Sea	[ˌeɪdrɪ'ætɪk si:]
mar (m) Arábigo	Arabian Sea	[ə'reɪbɪən si:]
mar (m) del Japón	Sea of Japan	['si: əv dʒə'pæn]

| mar (m) de Bering | Bering Sea | ['berɪŋ si:] |
| mar (m) de la China Meridional | South China Sea | [saʊθ 'ʧaɪnə si:] |

mar (m) del Coral	Coral Sea	['kɒrəl si:]
mar (m) de Tasmania	Tasman Sea	['tæzmən si:]
mar (m) Caribe	Caribbean Sea	['kæ'rɪbɪən si:]

| mar (m) de Barents | Barents Sea | ['bærənts si:] |
| mar (m) de Kara | Kara Sea | ['kɑːrə si:] |

mar (m) del Norte	North Sea	[nɔ:θ si:]
mar (m) Báltico	Baltic Sea	['bɔːltɪk si:]
mar (m) de Noruega	Norwegian Sea	[nɔ:'wiːdʒən si:]

127. Las montañas

montaña (f)	mountain	['maʊntɪn]
cadena (f) de montañas	mountain range	['maʊntɪn reɪndʒ]
cresta (f) de montañas	mountain ridge	['maʊntɪn rɪdʒ]

cima (f)	summit, top	['sʌmɪt], [tɒp]
pico (m)	peak	[pi:k]
pie (m)	foot	[fʊt]
cuesta (f)	slope	[sləʊp]

volcán (m)	volcano	[vɒl'kenəʊ]
volcán (m) activo	active volcano	['æktɪv vɒl'kenəʊ]
volcán (m) apagado	dormant volcano	['dɔ:mənt vɒl'kenəʊ]

erupción (f)	eruption	[ɪ'rʌpʃən]
cráter (m)	crater	['kreɪtə(r)]
magma (f)	magma	['mægmə]
lava (f)	lava	['lɑːvə]
fundido (lava ~a)	molten	['məʊltən]

cañón (m)	canyon	['kænjən]
desfiladero (m)	gorge	[gɔːdʒ]
grieta (f)	crevice	['krevɪs]
precipicio (m)	abyss	[ə'bɪs]

puerto (m) (paso)	pass, col	[pɑːs], [kɒl]
meseta (f)	plateau	['plætəʊ]
roca (f)	cliff	[klɪf]
colina (f)	hill	[hɪl]

glaciar (m)	glacier	['gleɪʃə(r)]
cascada (f)	waterfall	['wɔːtəfɔːl]
geiser (m)	geyser	['gaɪzə(r)]
lago (m)	lake	[leɪk]

llanura (f)	plain	[pleɪn]
paisaje (m)	landscape	['lændskeɪp]
eco (m)	echo	['ekəʊ]

alpinista (m)	alpinist	['ælpınıst]
escalador (m)	rock climber	[rɒk 'klaımə(r)]
conquistar (vt)	conquer (vt)	['kɒŋkə(r)]
ascensión (f)	climb	[klaım]

128. Los nombres de las montañas

Alpes (m pl)	The Alps	[ðı ælps]
Montblanc (m)	Mont Blanc	[ˌmɔ̃'blɑ̃]
Pirineos (m pl)	The Pyrenees	[ðı ˌpırə'ni:z]
Cárpatos (m pl)	The Carpathians	[ðı kɑː'peıθıənz]
Urales (m pl)	The Ural Mountains	[ðı 'jʊərəl 'maʊntınz]
Cáucaso (m)	The Caucasus Mountains	[ðı 'kɔːkəsəs 'maʊntınz]
Elbrus (m)	Mount Elbrus	['maʊnt ˌelbə'ru:s]
Altai (m)	The Altai Mountains	[ðı ˌɑː'ltaı 'maʊntınz]
Tian-Shan (m)	The Tian Shan	[ðı tjɛn'ʃɑːn]
Pamir (m)	The Pamir Mountains	[ðı pə'mıə 'maʊntınz]
Himalayos (m pl)	The Himalayas	[ðı ˌhımə'leıəz]
Everest (m)	Mount Everest	['maʊnt 'evərıst]
Andes (m pl)	The Andes	[ðı 'ændi:z]
Kilimanjaro (m)	Mount Kilimanjaro	['maʊnt ˌkılımən'dʒɑːrəʊ]

129. Los ríos

río (m)	river	['rıvə(r)]
manantial (m)	spring	[sprıŋ]
lecho (m) (curso de agua)	riverbed	['rıvəbed]
cuenca (f) fluvial	basin	['beısən]
desembocar en …	to flow into …	[tə fləʊ 'ıntʊ]
afluente (m)	tributary	['trıbjʊtrı]
ribera (f)	bank	[bæŋk]
corriente (f)	current, stream	['kʌrənt], [stri:m]
río abajo (adv)	downstream	['daʊnˌstri:m]
río arriba (adv)	upstream	[ˌʌp'stri:m]
inundación (f)	inundation	[ˌınʌn'deıʃən]
riada (f)	flooding	['flʌdıŋ]
desbordarse (vr)	to overflow (vi)	[tə ˌəʊvə'fləʊ]
inundar (vt)	to flood (vt)	[tə flʌd]
bajo (m) arenoso	shallow	['ʃæləʊ]
rápido (m)	rapids	['ræpıdz]
presa (f)	dam	[dæm]
canal (m)	canal	[kə'næl]
lago (m) artificiale	reservoir	['rezəvwɑː(r)]
esclusa (f)	sluice, lock	[slu:s], [lɒk]

cuerpo (m) de agua	water body	['wɔːtə 'bɒdɪ]
pantano (m)	swamp	[swɒmp]
ciénaga (m)	bog, marsh	[bɒg], [mɑːʃ]
remolino (m)	whirlpool	['wɜːlpuːl]

arroyo (m)	stream	[striːm]
potable (adj)	drinking	['drɪŋkɪŋ]
dulce (agua ~)	fresh	[freʃ]

| hielo (m) | ice | [aɪs] |
| helarse (el lago, etc.) | to freeze over | [tə friːz 'əʊvə(r)] |

130. Los nombres de los ríos

| Sena (m) | Seine | [seɪn] |
| Loira (m) | Loire | [lwɑːr] |

Támesis (m)	Thames	[temz]
Rin (m)	Rhine	[raɪn]
Danubio (m)	Danube	['dænjuːb]

Volga (m)	Volga	['vɒlgə]
Don (m)	Don	[dɒn]
Lena (m)	Lena	['leɪnə]

Río (m) Amarillo	Yellow River	[jeləʊ 'rɪvə(r)]
Río (m) Azul	Yangtze	['jæŋtsɪ]
Mekong (m)	Mekong	['miːkɒŋ]
Ganges (m)	Ganges	['gændʒiːz]

Nilo (m)	Nile River	[naɪl 'rɪvə(r)]
Congo (m)	Congo	['kɒŋgəʊ]
Okavango (m)	Okavango	[ˌɔkə'væŋgəu]
Zambeze (m)	Zambezi	[zæm'biːzɪ]
Limpopo (m)	Limpopo	[lɪm'pəupəu]

131. El bosque

| bosque (m) | forest, wood | ['fɒrɪst], [wʊd] |
| de bosque (adj) | forest | ['fɒrɪst] |

espesura (f)	thick forest	[θɪk 'fɒrɪst]
bosquecillo (m)	grove	[grəʊv]
claro (m)	clearing	['klɪərɪŋ]

| maleza (f) | thicket | ['θɪkɪt] |
| matorral (m) | scrubland | ['skrʌblænd] |

senda (f)	footpath	['fʊtpɑːθ]
barranco (m)	gully	['gʌlɪ]
árbol (m)	tree	[triː]
hoja (f)	leaf	[liːf]

follaje (m)	leaves	[liːvz]
caída (f) de hojas	fall of leaves	[fɔːl əv liːvz]
caer (las hojas)	to fall (vi)	[tə fɔːl]
cima (f)	top	[tɒp]

rama (f)	branch	[brɑːntʃ]
rama (f) (gruesa)	bough	[baʊ]
brote (m)	bud	[bʌd]
aguja (f)	needle	['niːdəl]
piña (f)	pine cone	[paɪn kəʊn]

agujero (m)	hollow	['hɒləʊ]
nido (m)	nest	[nest]
madriguera (f)	burrow, animal hole	['bʌrəʊ], ['ænɪməl həʊl]

tronco (m)	trunk	[trʌŋk]
raíz (f)	root	[ruːt]
corteza (f)	bark	[bɑːk]
musgo (m)	moss	[mɒs]

extirpar (vt)	to uproot (vt)	[tə ˌʌp'ruːt]
talar (vt)	to chop down	[tə tʃɒp daʊn]
deforestar (vt)	to deforest (vt)	[tə ˌdiː'fɒrɪst]
tocón (m)	tree stump	[triː stʌmp]

hoguera (f)	campfire	['kæmpˌfaɪə(r)]
incendio (m)	forest fire	['fɒrɪst 'faɪə(r)]
apagar (~ el incendio)	to extinguish (vt)	[tə ɪk'stɪŋgwɪʃ]

guarda (m) forestal	forest ranger	['fɒrɪst 'reɪndʒə]
protección (f)	protection	[prə'tekʃən]
proteger (vt)	to protect (vt)	[tə prə'tekt]
cazador (m) furtivo	poacher	['pəʊtʃə(r)]
cepo (m)	steel trap	[stiːl træp]

| recoger (setas, bayas) | to gather, to pick (vt) | [tə 'gæðə(r)], [tə pɪk] |
| perderse (vr) | to lose one's way | [tə luːz wʌnz weɪ] |

132. Los recursos naturales

recursos (m pl) naturales	natural resources	['nætʃərəl rɪ'sɔːsɪz]
minerales (m pl)	minerals	['mɪnərəlz]
depósitos (m pl)	deposits	[dɪ'pɒzɪts]
yacimiento (m)	field	[fiːld]

extraer (vt)	to mine (vt)	[tə maɪn]
extracción (f)	mining	['maɪnɪŋ]
mineral (m)	ore	[ɔː(r)]
mina (f)	mine	[maɪn]
pozo (m) de mina	shaft	[ʃɑːft]
minero (m)	miner	['maɪnə(r)]

| gas (m) | gas | [gæs] |
| gasoducto (m) | gas pipeline | [gæs 'paɪplaɪn] |

petróleo (m)	**oil, petroleum**	[ɔɪl], [pɪ'trəʊliəm]
oleoducto (m)	**oil pipeline**	[ɔɪl 'paɪplaɪn]
torre (f) petrolera	**oil well**	[ɔɪl wel]
torre (f) de sondeo	**derrick**	['derɪk]
petrolero (m)	**tanker**	['tæŋkə(r)]

arena (f)	**sand**	[sænd]
caliza (f)	**limestone**	['laɪmstəʊn]
grava (f)	**gravel**	['grævəl]
turba (f)	**peat**	[pi:t]
arcilla (f)	**clay**	[kleɪ]
carbón (m)	**coal**	[kəʊl]

hierro (m)	**iron**	['aɪrən]
oro (m)	**gold**	[gəʊld]
plata (f)	**silver**	['sɪlvə(r)]
níquel (m)	**nickel**	['nɪkəl]
cobre (m)	**copper**	['kɒpə(r)]

zinc (m)	**zinc**	[zɪŋk]
manganeso (m)	**manganese**	['mæŋgəni:z]
mercurio (m)	**mercury**	['mɜ:kjʊrɪ]
plomo (m)	**lead**	[led]

mineral (m)	**mineral**	['mɪnərəl]
cristal (m)	**crystal**	['krɪstəl]
mármol (m)	**marble**	['mɑ:bəl]
uranio (m)	**uranium**	[jʊ'reɪnjəm]

La tierra. Unidad 2

133. El tiempo

tiempo (m)	**weather**	['weðə(r)]
previsión (m) del tiempo	**weather forecast**	['weðə 'fɔːkɑːst]
temperatura (f)	**temperature**	['temprətʃə(r)]
termómetro (m)	**thermometer**	[θə'mɒmɪtə(r)]
barómetro (m)	**barometer**	[bə'rɒmɪtə(r)]
húmedo (adj)	**humid**	['hjuːmɪd]
humedad (f)	**humidity**	[hjuˈmɪdətɪ]
bochorno (m)	**heat**	[hiːt]
tórrido (adj)	**hot, torrid**	[hɒt], ['tɒrɪd]
hace mucho calor	**it's hot**	[ɪts hɒt]
hace calor (templado)	**it's warm**	[ɪts wɔːm]
templado (adj)	**warm**	[wɔːm]
hace frío	**it's cold**	[ɪts kəʊld]
frío (adj)	**cold**	[kəʊld]
sol (m)	**sun**	[sʌn]
brillar (vi)	**to shine** (vi)	[tə ʃaɪn]
soleado (un día ~)	**sunny**	['sʌnɪ]
elevarse (el sol)	**to come up** (vi)	[tə kʌm ʌp]
ponerse (vr)	**to set** (vi)	[tə set]
nube (f)	**cloud**	[klaʊd]
nuboso (adj)	**cloudy**	['klaʊdɪ]
nubarrón (m)	**rain cloud**	[reɪn klaʊd]
nublado (adj)	**somber**	['sɒmbə(r)]
lluvia (f)	**rain**	[reɪn]
está lloviendo	**it's raining**	[ɪts 'reɪnɪŋ]
lluvioso (adj)	**rainy**	['reɪnɪ]
lloviznar (vi)	**to drizzle** (vi)	[tə 'drɪzəl]
aguacero (m)	**pouring rain**	['pɔːrɪŋ reɪn]
chaparrón (m)	**downpour**	['daʊnpɔː(r)]
fuerte (la lluvia ~)	**heavy**	['hevɪ]
charco (m)	**puddle**	['pʌdəl]
mojarse (vr)	**to get wet**	[tə get wet]
niebla (f)	**fog, mist**	[fɒg], [mɪst]
nebuloso (adj)	**foggy**	['fɒgɪ]
nieve (f)	**snow**	[snəʊ]
está nevando	**it's snowing**	[ɪts snəʊɪŋ]

134. Los eventos climáticos severos. Los desastres naturales

tormenta (f)	thunderstorm	['θʌndəstɔ:m]
relámpago (m)	lightning	['laɪtnɪŋ]
relampaguear (vi)	to flash (vi)	[tə flæʃ]
trueno (m)	thunder	['θʌndə(r)]
tronar (vi)	to thunder (vi)	[tə 'θʌndə(r)]
está tronando	it's thundering	[ɪts 'θʌndərɪŋ]
granizo (m)	hail	[heɪl]
está granizando	it's hailing	[ɪts heɪlɪŋ]
inundar (vt)	to flood (vt)	[tə flʌd]
inundación (f)	flood	[flʌd]
terremoto (m)	earthquake	['ɜ:θkweɪk]
sacudida (f)	tremor, quake	['tremə(r)], [kweɪk]
epicentro (m)	epicenter	['epɪsentə(r)]
erupción (f)	eruption	[ɪ'rʌpʃən]
lava (f)	lava	['lɑ:və]
torbellino (m)	twister	['twɪstə(r)]
tornado (m)	tornado	[tɔ:'neɪdəʊ]
tifón (m)	typhoon	[taɪ'fu:n]
huracán (m)	hurricane	['hʌrɪkən]
tempestad (f)	storm	[stɔ:m]
tsunami (m)	tsunami	[tsu:'nɑ:mɪ]
ciclón (m)	cyclone	['saɪkləʊn]
mal tiempo (m)	bad weather	[bæd 'weðə(r)]
incendio (m)	fire	['faɪə(r)]
catástrofe (f)	disaster	[dɪ'zɑ:stə(r)]
meteorito (m)	meteorite	['mi:tjəraɪt]
avalancha (f)	avalanche	['ævəlɑ:nʃ]
alud (m) de nieve	snowslide	['snəʊslaɪd]
ventisca (f)	blizzard	['blɪzəd]
nevasca (f)	snowstorm	['snəʊstɔ:m]

La fauna

135. Los mamíferos. Los predadores

carnívoro (m)	predator	['predətə(r)]
tigre (m)	tiger	['taɪgə(r)]
león (m)	lion	['laɪən]
lobo (m)	wolf	[wʊlf]
zorro (m)	fox	[fɒks]
jaguar (m)	jaguar	['dʒægjʊə(r)]
leopardo (m)	leopard	['lepəd]
guepardo (m)	cheetah	['ʧiːtə]
pantera (f)	black panther	[blæk 'pænθə(r)]
puma (f)	puma	['pjuːmə]
leopardo (m) de las nieves	snow leopard	[snəʊ 'lepəd]
lince (m)	lynx	[lɪnks]
coyote (m)	coyote	[kɔɪ'əʊtɪ]
chacal (m)	jackal	['dʒækəl]
hiena (f)	hyena	[haɪ'iːnə]

136. Los animales salvajes

animal (m)	animal	['ænɪməl]
bestia (f)	beast	[biːst]
ardilla (f)	squirrel	['skwɜːrəl]
erizo (m)	hedgehog	['hedʒhɒg]
liebre (f)	hare	[heə(r)]
conejo (m)	rabbit	['ræbɪt]
tejón (m)	badger	['bædʒə(r)]
mapache (m)	raccoon	[rə'kuːn]
hámster (m)	hamster	['hæmstə(r)]
marmota (f)	marmot	['mɑːmət]
topo (m)	mole	[məʊl]
ratón (m)	mouse	[maʊs]
rata (f)	rat	[ræt]
murciélago (m)	bat	[bæt]
armiño (m)	ermine	['ɜːmɪn]
cebellina (f)	sable	['seɪbəl]
marta (f)	marten	['mɑːtɪn]
comadreja (f)	weasel	['wiːzəl]
visón (m)	mink	[mɪŋk]

castor (m)	beaver	['biːvə(r)]
nutria (f)	otter	['ɒtə(r)]
caballo (m)	horse	[hɔːs]
alce (m)	moose	[muːs]
ciervo (m)	deer	[dɪə(r)]
camello (m)	camel	['kæməl]
bisonte (m)	bison	['baɪsən]
uro (m)	wisent	['wiːzənt]
búfalo (m)	buffalo	['bʌfələʊ]
cebra (f)	zebra	['ziːbrə]
antílope (m)	antelope	['æntɪləʊp]
corzo (m)	roe deer	[rəʊ dɪə(r)]
gamo (m)	fallow deer	['fæləʊ dɪə(r)]
gamuza (f)	chamois	['ʃæmwɑː]
jabalí (m)	wild boar	[ˌwaɪld 'bɔː(r)]
ballena (f)	whale	[weɪl]
foca (f)	seal	[siːl]
morsa (f)	walrus	['wɔːlrəs]
oso (m) marino	fur seal	['fɜːˌsiːl]
delfín (m)	dolphin	['dɒlfɪn]
oso (m)	bear	[beə]
oso (m) blanco	polar bear	['pəʊlə ˌbeə(r)]
panda (f)	panda	['pændə]
mono (m)	monkey	['mʌŋkɪ]
chimpancé (m)	chimpanzee	[ˌʧɪmpæn'ziː]
orangután (m)	orangutan	[ɒˌræŋuː'tæn]
gorila (m)	gorilla	[gə'rɪlə]
macaco (m)	macaque	[mə'kɑːk]
gibón (m)	gibbon	['gɪbən]
elefante (m)	elephant	['elɪfənt]
rinoceronte (m)	rhinoceros	[raɪ'nɒsərəs]
jirafa (f)	giraffe	[ʤɪ'rɑːf]
hipopótamo (m)	hippopotamus	[ˌhɪpə'pɒtəməs]
canguro (m)	kangaroo	[ˌkæŋgə'ruː]
koala (f)	koala	[kəʊ'ɑːlə]
mangosta (f)	mongoose	['mɒŋguːs]
chinchilla (f)	chinchilla	[ˌʧɪn'ʧɪlə]
mofeta (f)	skunk	[skʌŋk]
espín (m)	porcupine	['pɔːkjʊpaɪn]

137. Los animales domésticos

gata (f)	cat	[kæt]
gato (m)	tomcat	['tɒmkæt]
perro (m)	dog	[dɒg]

caballo (m)	horse	[hɔːs]
garañón (m)	stallion	['stælɪən]
yegua (f)	mare	[meə(r)]

vaca (f)	cow	[kaʊ]
toro (m)	bull	[bʊl]
buey (m)	ox	[ɒks]

oveja (f)	sheep	[ʃiːp]
carnero (m)	ram	[ræm]
cabra (f)	goat	[gəʊt]
cabrón (m)	he-goat	['hiː gəʊt]

| asno (m) | donkey | ['dɒŋkɪ] |
| mulo (m) | mule | [mjuːl] |

cerdo (m)	pig, hog	[pɪg], [hɒg]
cerdito (m)	piglet	['pɪglɪt]
conejo (m)	rabbit	['ræbɪt]

| gallina (f) | hen | [hen] |
| gallo (m) | rooster | ['ruːstə(r)] |

pato (m)	duck	[dʌk]
ánade (m)	drake	[dreɪk]
ganso (m)	goose	[guːs]

| pavo (m) | tom turkey, gobbler | [tɒm 'tɜːkɪ], ['gɒblə(r)] |
| pava (f) | turkey | ['tɜːkɪ] |

animales (m pl) domésticos	domestic animals	[də'mestɪk 'ænɪməlz]
domesticado (adj)	tame	[teɪm]
domesticar (vt)	to tame (vt)	[tə teɪm]
criar (vt)	to breed (vt)	[tə briːd]

granja (f)	farm	[fɑːm]
aves (f pl) de corral	poultry	['pəʊltrɪ]
ganado (m)	cattle	['kætəl]
rebaño (m)	herd	[hɜːd]

caballeriza (f)	stable	['steɪbəl]
porqueriza (f)	pigpen	['pɪgpen]
vaquería (f)	cowshed	['kaʊʃed]
conejal (m)	rabbit hutch	['ræbɪt ˌhʌtʃ]
gallinero (m)	hen house	['henˌhaʊs]

138. Los pájaros

pájaro (m)	bird	[bɜːd]
paloma (f)	pigeon	['pɪdʒɪn]
gorrión (m)	sparrow	['spærəʊ]
paro (m)	tit	[tɪt]
cotorra (f)	magpie	['mægpaɪ]
cuervo (m)	raven	['reɪvən]

corneja (f)	crow	[krəʊ]
chova (f)	jackdaw	['dʒækdɔ:]
grajo (m)	rook	[rʊk]
pato (m)	duck	[dʌk]
ganso (m)	goose	[gu:s]
faisán (m)	pheasant	['fezənt]
águila (f)	eagle	['i:gəl]
azor (m)	hawk	[hɔ:k]
halcón (m)	falcon	['fɔ:lkən]
buitre (m)	vulture	['vʌltʃə]
cóndor (m)	condor	['kɒndɔ:(r)]
cisne (m)	swan	[swɒn]
grulla (f)	crane	[kreɪn]
cigüeña (f)	stork	[stɔ:k]
loro (m), papagayo (m)	parrot	['pærət]
colibrí (m)	hummingbird	['hʌmɪŋˌbɜ:d]
pavo (m) real	peacock	['pi:kɒk]
avestruz (m)	ostrich	['ɒstrɪtʃ]
garza (f)	heron	['herən]
flamenco (m)	flamingo	[fləˈmɪŋgəʊ]
pelícano (m)	pelican	['pelɪkən]
ruiseñor (m)	nightingale	['naɪtɪŋgeɪl]
golondrina (f)	swallow	['swɒləʊ]
tordo (m)	thrush	[θrʌʃ]
zorzal (m)	song thrush	[sɒŋ θrʌʃ]
mirlo (m)	blackbird	['blækˌbɜ:d]
vencejo (m)	swift	[swɪft]
alondra (f)	lark	[lɑ:k]
codorniz (f)	quail	[kweɪl]
pico (m)	woodpecker	['wʊdˌpekə(r)]
cuco (m)	cuckoo	['kʊku:]
lechuza (f)	owl	[aʊl]
búho (m)	eagle owl	['i:gəl aʊl]
urogallo (m)	wood grouse	[wʊd graʊs]
gallo lira (m)	black grouse	[blæk graʊs]
perdiz (f)	partridge	['pɑ:trɪdʒ]
estornino (m)	starling	['stɑ:lɪŋ]
canario (m)	canary	[kəˈneərɪ]
ortega (f)	hazel grouse	['heɪzəl graʊs]
pinzón (m)	chaffinch	['tʃæfɪntʃ]
camachuelo (m)	bullfinch	['bʊlfɪntʃ]
gaviota (f)	seagull	['si:gʌl]
albatros (m)	albatross	['ælbətrɒs]
pingüino (m)	penguin	['peŋgwɪn]

139. Los peces. Los animales marinos

brema (f)	bream	[bri:m]
carpa (f)	carp	[kɑ:p]
perca (f)	perch	[pɜ:ʧ]
siluro (m)	catfish	['kætfɪʃ]
lucio (m)	pike	[paɪk]
salmón (m)	salmon	['sæmən]
esturión (m)	sturgeon	['stɜ:ʤən]
arenque (m)	herring	['herɪŋ]
salmón (m) del Atlántico	Atlantic salmon	[ət'læntɪk 'sæmən]
caballa (f)	mackerel	['mækərəl]
lenguado (m)	flatfish	['flætfɪʃ]
lucioperca (m)	pike perch	[paɪk pɜ:ʧ]
bacalao (m)	cod	[kɒd]
atún (m)	tuna	['tu:nə]
trucha (f)	trout	[traʊt]
anguila (f)	eel	[i:l]
tembladera (f)	electric ray	[ɪ'lektrɪk reɪ]
morena (f)	moray eel	['mɒreɪ i:l]
piraña (f)	piranha	[pɪ'rɑ:nə]
tiburón (m)	shark	[ʃɑ:k]
delfín (m)	dolphin	['dɒlfɪn]
ballena (f)	whale	[weɪl]
centolla (f)	crab	[kræb]
medusa (f)	jellyfish	['ʤelɪfɪʃ]
pulpo (m)	octopus	['ɒktəpəs]
estrella (f) de mar	starfish	['stɑ:fɪʃ]
erizo (m) de mar	sea urchin	[si: 'ɜ:ʧɪn]
caballito (m) de mar	seahorse	['si:hɔ:s]
ostra (f)	oyster	['ɔɪstə(r)]
camarón (m)	shrimp	[ʃrɪmp]
bogavante (m)	lobster	['lɒbstə(r)]
langosta (f)	spiny lobster	['spaɪnɪ 'lɒbstə(r)]

140. Los anfibios. Los reptiles

serpiente (f)	snake	[sneɪk]
venenoso (adj)	venomous	['venəməs]
víbora (f)	viper	['vaɪpə(r)]
cobra (f)	cobra	['kəʊbrə]
pitón (m)	python	['paɪθən]
boa (f)	boa	['bəʊə]
culebra (f)	grass snake	['grɑ:s‚sneɪk]

| serpiente (m) de cascabel | rattle snake | ['rætəl sneɪk] |
| anaconda (f) | anaconda | [ænə'kɒndə] |

lagarto (f)	lizard	['lɪzəd]
iguana (f)	iguana	[ɪ'gwɑːnə]
varano (m)	monitor lizard	['mɒnɪtə 'lɪzəd]
salamandra (f)	salamander	['sælə,mændə(r)]
camaleón (m)	chameleon	[kə'miːlɪən]
escorpión (m)	scorpion	['skɔːpɪən]

tortuga (f)	turtle	['tɜːtəl]
rana (f)	frog	[frɒg]
sapo (m)	toad	[təʊd]
cocodrilo (m)	crocodile	['krɒkədaɪl]

141. Los insectos

insecto (m)	insect, bug	['ɪnsekt], [bʌg]
mariposa (f)	butterfly	['bʌtəflaɪ]
hormiga (f)	ant	[ænt]
mosca (f)	fly	[flaɪ]
mosquito (m) (picadura de ~)	mosquito	[mə'skiːtəʊ]
escarabajo (m)	beetle	['biːtəl]

avispa (f)	wasp	[wɒsp]
abeja (f)	bee	[biː]
abejorro (m)	bumblebee	['bʌmbəlbiː]
moscardón (m)	gadfly	['gædflaɪ]

| araña (f) | spider | ['spaɪdə(r)] |
| telaraña (f) | spiderweb | ['spaɪdəweb] |

libélula (f)	dragonfly	['drægənflaɪ]
saltamontes (m)	grasshopper	['grɑːs,hɒpə(r)]
mariposa (f) nocturna	moth	[mɒθ]

cucaracha (f)	cockroach	['kɒkrəʊtʃ]
garrapata (f)	tick	[tɪk]
pulga (f)	flea	[fliː]
mosca (f) negra	midge	[mɪdʒ]

langosta (f)	locust	['ləʊkəst]
caracol (m)	snail	[sneɪl]
grillo (m)	cricket	['krɪkɪt]
luciérnaga (f)	lightning bug	['laɪtnɪŋ bʌg]
mariquita (f)	ladybug	['leɪdɪbʌg]
escarabajo (m) sanjuanero	cockchafer	['kɒk,tʃeɪfə(r)]

sanguijuela (f)	leech	[liːtʃ]
oruga (f)	caterpillar	['kætəpɪlə(r)]
gusano (m)	earthworm	['ɜːθwɜːm]
larva (f)	larva	['lɑːvə]

La flora

142. Los árboles

árbol (m)	**tree**	[tri:]
foliáceo (adj)	**deciduous**	[dɪˈsɪdjʊəs]
conífero (adj)	**coniferous**	[kəˈnɪfərəs]
de hoja perenne	**evergreen**	[ˈevəgri:n]
manzano (m)	**apple tree**	[ˈæpəl ˌtri:]
peral (m)	**pear tree**	[ˈpeə ˌtri:]
cerezo (m)	**sweet cherry tree**	[swi:t ˈʧerɪ tri:]
guindo (m)	**sour cherry tree**	[ˈsaʊə ˈʧerɪ tri:]
ciruelo (m)	**plum tree**	[ˈplʌm tri:]
abedul (m)	**birch**	[bɜ:ʧ]
roble (m)	**oak**	[əʊk]
tilo (m)	**linden tree**	[ˈlɪndən tri:]
pobo (m)	**aspen**	[ˈæspən]
arce (m)	**maple**	[ˈmeɪpəl]
picea (m)	**spruce**	[spru:s]
pino (m)	**pine**	[paɪn]
alerce (m)	**larch**	[lɑ:ʧ]
abeto (m)	**fir**	[fɜ:(r)]
cedro (m)	**cedar**	[ˈsi:də(r)]
álamo (m)	**poplar**	[ˈpɒplə(r)]
serbal (m)	**rowan**	[ˈrəʊən]
sauce (m)	**willow**	[ˈwɪləʊ]
aliso (m)	**alder**	[ˈɔ:ldə(r)]
haya (f)	**beech**	[bi:ʧ]
olmo (m)	**elm**	[elm]
fresno (m)	**ash**	[æʃ]
castaño (m)	**chestnut**	[ˈʧesnʌt]
magnolia (f)	**magnolia**	[mægˈnəʊlɪə]
palmera (f)	**palm tree**	[pɑ:m tri:]
ciprés (m)	**cypress**	[ˈsaɪprəs]
mangle (m)	**mangrove**	[ˈmæŋgrəʊv]
baobab (m)	**baobab**	[ˈbeɪəʊˌbæb]
eucalipto (m)	**eucalyptus**	[ˌju:kəˈlɪptəs]
secoya (f)	**sequoia**	[sɪˈkwɔɪə]

143. Los arbustos

mata (f)	**bush**	[bʊʃ]
arbusto (m)	**shrub**	[ʃrʌb]

vid (f)	grapevine	['greɪpvaɪn]
viñedo (m)	vineyard	['vɪnjəd]
frambueso (m)	raspberry bush	['rɑːzbərɪ bʊʃ]
grosellero (f) rojo	redcurrant bush	['redkʌrənt bʊʃ]
grosellero (m) espinoso	gooseberry bush	['gʊzbərɪ ˌbʊʃ]
acacia (f)	acacia	[ə'keɪʃə]
berberís (m)	barberry	['bɑːbərɪ]
jazmín (m)	jasmine	['dʒæzmɪn]
enebro (m)	juniper	['dʒuːnɪpə(r)]
rosal (m)	rosebush	['rəʊzbʊʃ]
escaramujo (m)	dog rose	['dɒg ˌrəʊz]

144. Las frutas. Las bayas

fruto (m)	fruit	[fruːt]
frutos (m pl)	fruits	[fruːts]
manzana (f)	apple	['æpəl]
pera (f)	pear	[peə(r)]
ciruela (f)	plum	[plʌm]
fresa (f)	strawberry	['strɔːbərɪ]
guinda (f)	sour cherry	['saʊə 'tʃerɪ]
cereza (f)	sweet cherry	[swiːt 'tʃerɪ]
uva (f)	grape	[greɪp]
frambuesa (f)	raspberry	['rɑːzbərɪ]
grosella (f) negra	blackcurrant	[ˌblæk'kʌrənt]
grosella (f) roja	redcurrant	['redkʌrənt]
grosella (f) espinosa	gooseberry	['gʊzbərɪ]
arándano (m) agrio	cranberry	['krænbərɪ]
naranja (f)	orange	['ɒrɪndʒ]
mandarina (f)	mandarin	['mændərɪn]
ananás (m)	pineapple	['paɪnˌæpəl]
banana (f)	banana	[bə'nɑːnə]
dátil (m)	date	[deɪt]
limón (m)	lemon	['lemən]
albaricoque (m)	apricot	['eɪprɪkɒt]
melocotón (m)	peach	[piːtʃ]
kiwi (m)	kiwi	['kiːwiː]
pomelo (m)	grapefruit	['greɪpfruːt]
baya (f)	berry	['berɪ]
bayas (f pl)	berries	['berɪːz]
arándano (m) rojo	cowberry	['kaʊberɪ]
fresa (f) silvestre	wild strawberry	['waɪld 'strɔːbərɪ]
arándano (m)	bilberry	['bɪlbərɪ]

145. Las flores. Las plantas

flor (f)	flower	['flaʊə(r)]
ramo (m) de flores	bouquet	[bʊ'keɪ]
rosa (f)	rose	[rəʊz]
tulipán (m)	tulip	['tju:lɪp]
clavel (m)	carnation	[kɑ:'neɪʃən]
gladiolo (m)	gladiolus	[ˌglædɪ'əʊləs]
aciano (m)	cornflower	['kɔ:nflaʊə(r)]
campanilla (f)	harebell	['heəbel]
diente (m) de león	dandelion	['dændɪlaɪən]
manzanilla (f)	camomile	['kæməmaɪl]
áloe (m)	aloe	['æləʊ]
cacto (m)	cactus	['kæktəs]
ficus (m)	rubber plant, ficus	['rʌbə plɑ:nt], ['faɪkəs]
azucena (f)	lily	['lɪlɪ]
geranio (m)	geranium	[dʒɪ'reɪnjəm]
jacinto (m)	hyacinth	['haɪəsɪnθ]
mimosa (f)	mimosa	[mɪ'məʊzə]
narciso (m)	narcissus	[nɑ:'sɪsəs]
capuchina (f)	nasturtium	[nəs'tɜ:ʃəm]
orquídea (f)	orchid	['ɔ:kɪd]
peonía (f)	peony	['pi:ənɪ]
violeta (f)	violet	['vaɪələt]
trinitaria (f)	pansy	['pænzɪ]
nomeolvides (f)	forget-me-not	[fə'get mi ˌnɒt]
margarita (f)	daisy	['deɪzɪ]
amapola (f)	poppy	['pɒpɪ]
cáñamo (m)	hemp	[hemp]
menta (f)	mint	[mɪnt]
muguete (m)	lily of the valley	['lɪlɪ əv ðə 'vælɪ]
campanilla (f) de las nieves	snowdrop	['snəʊdrɒp]
ortiga (f)	nettle	['netəl]
acedera (f)	sorrel	['sɒrəl]
nenúfar (m)	water lily	['wɔ:tə 'lɪlɪ]
helecho (m)	fern	[fɜ:n]
liquen (m)	lichen	['laɪkən]
invernadero (m) tropical	greenhouse	['gri:nhaʊs]
césped (m)	lawn	[lɔ:n]
macizo (m) de flores	flowerbed	['flaʊəbed]
planta (f)	plant	[plɑ:nt]
hierba (f)	grass	[grɑ:s]
hoja (f) de hierba	blade of grass	[bleɪd əv grɑ:s]

hoja (f)	leaf	[li:f]
pétalo (m)	petal	['petəl]
tallo (m)	stem	[stem]
tubérculo (m)	tuber	['tju:bə(r)]

| retoño (m) | young plant | [jʌŋ plɑ:nt] |
| espina (f) | thorn | [θɔ:n] |

florecer (vi)	to blossom (vi)	[tə 'blɒsəm]
marchitarse (vr)	to fade (vi)	[tə feɪd]
olor (m)	smell	[smel]
cortar (vt)	to cut (vt)	[tə kʌt]
coger (una flor)	to pick (vt)	[tə pɪk]

146. Los cereales, los granos

grano (m)	grain	[greɪn]
cereales (m pl) (plantas)	cereal crops	['sɪərɪəl krɒps]
espiga (f)	ear	[ɪə(r)]

trigo (m)	wheat	[wi:t]
centeno (m)	rye	[raɪ]
avena (f)	oats	[əʊts]
mijo (m)	millet	['mɪlɪt]
cebada (f)	barley	['bɑ:lɪ]

maíz (m)	corn	[kɔ:n]
arroz (m)	rice	[raɪs]
alforfón (m)	buckwheat	['bʌkwi:t]

guisante (m)	pea	[pi:]
fréjol (m)	kidney bean	['kɪdnɪ bi:n]
soya (f)	soy	[sɔɪ]
lenteja (f)	lentil	['lentɪl]
habas (f pl)	beans	[bi:nz]

LOS PAÍSES. LAS NACIONALIDADES

147. Europa occidental

Europa (f)	**Europe**	['jʊərəp]
Unión (f) Europea	**European Union**	[ˌjʊərə'piːən 'juːnɪən]
Austria (f)	**Austria**	['ɒstrɪə]
Gran Bretaña (f)	**Great Britain**	[greɪt 'brɪtən]
Inglaterra (f)	**England**	['ɪŋglənd]
Bélgica (f)	**Belgium**	['beldʒəm]
Alemania (f)	**Germany**	['dʒɜːmənɪ]
Países Bajos (m pl)	**Netherlands**	['neðələndz]
Holanda (f)	**Holland**	['hɒlənd]
Grecia (f)	**Greece**	[griːs]
Dinamarca (f)	**Denmark**	['denmɑːk]
Irlanda (f)	**Ireland**	['aɪələnd]
Islandia (f)	**Iceland**	['aɪslənd]
España (f)	**Spain**	[speɪn]
Italia (f)	**Italy**	['ɪtəlɪ]
Chipre (m)	**Cyprus**	['saɪprəs]
Malta (f)	**Malta**	['mɔːltə]
Noruega (f)	**Norway**	['nɔːweɪ]
Portugal (f)	**Portugal**	['pɔːtʃʊgəl]
Finlandia (f)	**Finland**	['fɪnlənd]
Francia (f)	**France**	[frɑːns]
Suecia (f)	**Sweden**	['swiːdən]
Suiza (f)	**Switzerland**	['swɪtsələnd]
Escocia (f)	**Scotland**	['skɒtlənd]
Vaticano (m)	**Vatican**	['vætɪkən]
Liechtenstein (m)	**Liechtenstein**	['lɪktənstaɪn]
Luxemburgo (m)	**Luxembourg**	['lʌksəmbɜːg]
Mónaco (m)	**Monaco**	['mɒnəkəʊ]

148. Europa central y oriental

Albania (f)	**Albania**	[æl'beɪnɪə]
Bulgaria (f)	**Bulgaria**	[bʌl'geərɪə]
Hungría (f)	**Hungary**	['hʌŋgərɪ]
Letonia (f)	**Latvia**	['lætvɪə]
Lituania (f)	**Lithuania**	[ˌlɪθjʊ'eɪnjə]
Polonia (f)	**Poland**	['pəʊlənd]

Rumania (f)	Romania	[ru:'meɪnɪə]
Serbia (f)	Serbia	['sɜ:bɪə]
Eslovaquia (f)	Slovakia	[slə'vækɪə]

Croacia (f)	Croatia	[krəʊ'eɪʃə]
Chequia (f)	Czech Republic	[tʃek rɪ'pʌblɪk]
Estonia (f)	Estonia	[e'stəʊnjə]

Bosnia y Herzegovina	Bosnia and Herzegovina	['bɒznɪə ənd ˌheətsəgə'vi:nə]
Macedonia	Macedonia	[ˌmæsɪ'dəʊnɪə]
Eslovenia	Slovenia	[slə'vi:nɪə]
Montenegro (m)	Montenegro	[ˌmɒntɪ'ni:grəʊ]

149. Los países de la antes Unión Soviética

| Azerbaidzhán (m) | Azerbaijan | [ˌæzəbaɪ'dʒɑ:n] |
| Armenia (f) | Armenia | [ɑ:'mi:nɪə] |

Bielorrusia (f)	Belarus	[ˌbelə'ru:s]
Georgia (f)	Georgia	['dʒɔ:dʒjə]
Kazajstán (m)	Kazakhstan	[ˌkæzæk'stɑ:n]
Kirguizistán (m)	Kirghizia	[kɜ:'gɪzɪə]
Moldavia (f)	Moldavia	[mɒl'deɪvɪə]

| Rusia (f) | Russia | ['rʌʃə] |
| Ucrania (f) | Ukraine | [ju:'kreɪn] |

Tayikistán (m)	Tajikistan	[tɑ:ˌdʒɪkɪ'stɑ:n]
Turkmenia (f)	Turkmenistan	[ˌtɜ:kmenɪ'stɑ:n]
Uzbekistán (m)	Uzbekistan	[ʊzˌbekɪ'stɑ:n]

150. Asia

Asia (f)	Asia	['eɪʒə]
Vietnam (m)	Vietnam	[ˌvjet'nɑ:m]
India (f)	India	['ɪndɪə]
Israel (m)	Israel	['ɪzreɪəl]

China (f)	China	['tʃaɪnə]
Líbano (m)	Lebanon	['lebənən]
Mongolia (f)	Mongolia	[mɒŋ'gəʊlɪə]

| Malasia (f) | Malaysia | [mə'leɪzɪə] |
| Pakistán (m) | Pakistan | ['pækɪstæn] |

Arabia (f) Saudita	Saudi Arabia	['saʊdɪ ə'reɪbɪə]
Tailandia (f)	Thailand	['taɪlænd]
Taiwán (m)	Taiwan	[ˌtaɪ'wɑ:n]
Turquía (f)	Turkey	['tɜ:kɪ]
Japón (m)	Japan	[dʒə'pæn]
Afganistán (m)	Afghanistan	[æf'gænɪˌstæn]
Bangladesh (m)	Bangladesh	[ˌbæŋglə'deʃ]

Indonesia (f)	**Indonesia**	[ˌɪndəˈniːzjə]
Jordania (f)	**Jordan**	[ˈdʒɔːdən]
Irak (m)	**Iraq**	[ɪˈrɑːk]
Irán (m)	**Iran**	[ɪˈrɑːn]
Camboya (f)	**Cambodia**	[kæmˈbəʊdjə]
Kuwait (m)	**Kuwait**	[kʊˈweɪt]
Laos (m)	**Laos**	[laʊs]
Myanmar (m)	**Myanmar**	[ˌmaɪænˈmɑː(r)]
Nepal (m)	**Nepal**	[nɪˈpɔːl]
Emiratos (m pl) Árabes Unidos	**United Arab Emirates**	[juːˈnaɪtɪd ˈærəb ˈemərəts]
Siria (f)	**Syria**	[ˈsɪrɪə]
Palestina (f)	**Palestine**	[ˈpæləˌstaɪn]
Corea (f) del Sur	**South Korea**	[saʊθ kəˈrɪə]
Corea (f) del Norte	**North Korea**	[nɔːθ kəˈrɪə]

151. América del Norte

Estados Unidos de América (m pl)	**United States of America**	[juːˈnaɪtɪd steɪts əv əˈmerɪkə]
Canadá (f)	**Canada**	[ˈkænədə]
Méjico (m)	**Mexico**	[ˈmeksɪkəʊ]

152. Centroamérica y Sudamérica

Argentina (f)	**Argentina**	[ˌɑːdʒənˈtiːnə]
Brasil (f)	**Brazil**	[brəˈzɪl]
Colombia (f)	**Colombia**	[kəˈlɒmbɪə]
Cuba (f)	**Cuba**	[ˈkjuːbə]
Chile (m)	**Chile**	[ˈtʃɪlɪ]
Bolivia (f)	**Bolivia**	[bəˈlɪvɪə]
Venezuela (f)	**Venezuela**	[ˌvenɪˈzweɪlə]
Paraguay (m)	**Paraguay**	[ˈpærəgwaɪ]
Perú (m)	**Peru**	[pəˈruː]
Surinam (m)	**Suriname**	[ˌsʊərɪˈnæm]
Uruguay (m)	**Uruguay**	[ˈjʊərəgwaɪ]
Ecuador (m)	**Ecuador**	[ˈekwədɔː(r)]
Islas (f pl) Bahamas	**The Bahamas**	[ðə bəˈhɑːməz]
Haití (m)	**Haiti**	[ˈheɪtɪ]
República (f) Dominicana	**Dominican Republic**	[dəˈmɪnɪkən rɪˈpʌblɪk]
Panamá (f)	**Panama**	[ˈpænəmɑː]
Jamaica (f)	**Jamaica**	[dʒəˈmeɪkə]

153. África

Egipto (m)	Egypt	['i:dʒɪpt]
Marruecos (m)	Morocco	[mə'rɒkəʊ]
Túnez (m)	Tunisia	[tju:'nɪzɪə]

Ghana (f)	Ghana	['gɑ:nə]
Zanzíbar (m)	Zanzibar	[ˌzænzɪ'bɑ:(r)]
Kenia (f)	Kenya	['kenjə]
Libia (f)	Libya	['lɪbɪə]
Madagascar (m)	Madagascar	[ˌmædə'gæskə(r)]

Namibia (f)	Namibia	[nə'mɪbɪə]
Senegal	Senegal	[ˌsenɪ'gɔ:l]
Tanzania (f)	Tanzania	[ˌtænzə'nɪə]
República (f) Sudafricana	South Africa	[saʊθ 'æfrɪkə]

154. Australia. Oceanía

| Australia (f) | Australia | [ɒ'streɪljə] |
| Nueva Zelanda (f) | New Zealand | [nju: 'zi:lənd] |

| Tasmania (f) | Tasmania | [tæz'meɪnjə] |
| Polinesia (f) Francesa | French Polynesia | [frentʃ ˌpɒlɪ'ni:zjə] |

155. Las ciudades

Ámsterdam	Amsterdam	[ˌæmstə'dæm]
Ankara	Ankara	['æŋkərə]
Atenas	Athens	['æθɪnz]

Bagdad	Baghdad	[bæg'dæd]
Bangkok	Bangkok	[ˌbæŋ'kɒk]
Barcelona	Barcelona	[ˌbɑ:sɪ'ləʊnə]
Beirut	Beirut	[ˌbeɪ'ru:t]
Berlín	Berlin	[bɜ:'lɪn]

Bombay	Mumbai	[mʊm'bai]
Bonn	Bonn	[bɒn]
Bratislava	Bratislava	[ˌbrætɪ'slɑ:və]
Bruselas	Brussels	['brʌsəlz]
Bucarest	Bucharest	[ˌbu:kə'rest]
Budapest	Budapest	[ˌbju:də'pest]
Burdeos	Bordeaux	[bɔ:'dəʊ]

El Cairo	Cairo	['kaɪərəʊ]
Calcuta	Kolkata	[koʊl'kɑ:tɑ:]
Chicago	Chicago	[ʃɪ'kɑ:gəʊ]
Copenhague	Copenhagen	[ˌkəʊpən'heɪgən]
Dar-es-Salam	Dar-es-Salaam	[ˌdɑ:ressə'lɑ:m]
Delhi	Delhi	['delɪ]

Dubai	**Dubai**	[ˌduːˈbaɪ]
Dublín	**Dublin**	[ˈdʌblɪn]
Dusseldorf	**Düsseldorf**	[ˌdjuːsəlˈdɔːf]

Estambul	**Istanbul**	[ˌɪstænˈbʊl]
Estocolmo	**Stockholm**	[ˈstɒkhəʊm]
Florencia	**Florence**	[ˈflɒrəns]
Fráncfort del Meno	**Frankfurt**	[ˈfræŋkfɜt]
Ginebra	**Geneva**	[dʒɪˈniːvə]

La Habana	**Havana**	[həˈvænə]
Hamburgo	**Hamburg**	[ˈhæmbɜːg]
Hanói	**Hanoi**	[hæˈnɔɪ]
La Haya	**The Hague**	[ðə heɪg]
Helsinki	**Helsinki**	[helˈsɪŋkɪ]
Hiroshima	**Hiroshima**	[hɪˈrɒʃɪmə]
Hong Kong (m)	**Hong Kong**	[ˌhɒŋˈkɒŋ]

Jerusalén	**Jerusalem**	[dʒəˈruːsələm]
Kiev	**Kyiv**	[ˈkiːev]
Kuala Lumpur	**Kuala Lumpur**	[ˌkwɑːləˈlʊmˌpʊə(r)]

Lisboa	**Lisbon**	[ˈlɪzbən]
Londres	**London**	[ˈlʌndən]
Los Ángeles	**Los Angeles**	[lɒsˈændʒɪliːz]
Lyon	**Lyons**	[liːɔ̃]

Madrid	**Madrid**	[məˈdrɪd]
Marsella	**Marseille**	[mɑːˈseɪ]
Méjico	**Mexico City**	[ˈmeksɪkəʊ ˈsɪtɪ]
Miami	**Miami**	[maɪˈæmɪ]
Montreal	**Montreal**	[ˌmɒntrɪˈɔːl]
Moscú	**Moscow**	[ˈmɒskəʊ]
Munich	**Munich**	[ˈmjuːnɪk]

Nairobi	**Nairobi**	[naɪˈrəʊbɪ]
Nápoles	**Naples**	[ˈneɪpəlz]
Niza	**Nice**	[ˈniːs]
Nueva York	**New York**	[njuː ˈjɔːk]

Oslo	**Oslo**	[ˈɒzləʊ]
Ottawa	**Ottawa**	[ˈɒtəwə]
París	**Paris**	[ˈpærɪs]
Pekín	**Beijing**	[ˌbeɪˈdʒɪŋ]
Praga	**Prague**	[prɑːg]

Río de Janeiro	**Rio de Janeiro**	[ˈriːəʊ də dʒəˈnɪərəʊ]
Roma	**Rome**	[rəʊm]
San Petersburgo	**Saint Petersburg**	[sənt ˈpiːtəzbɜːg]
Seúl	**Seoul**	[səʊl]
Shanghái	**Shanghai**	[ˌʃænˈhaɪ]
Singapur	**Singapore**	[ˌsɪŋəˈpɔː(r)]
Sydney	**Sydney**	[ˈsɪdnɪ]

| Taipei | **Taipei** | [taɪˈpeɪ] |
| Tokio | **Tokyo** | [ˈtəʊkjəʊ] |

Toronto	**Toronto**	[tə'rɒntəʊ]
Varsovia	**Warsaw**	['wɔːsɔː]
Venecia	**Venice**	['venɪs]
Viena	**Vienna**	[vɪ'enə]
Washington	**Washington**	['wɒʃɪŋtən]